INGLÉS

PASO A PASO

PARA LOS HISPARLANTES

ENGLISH STEP BY STEP

FOR SPANISH-SPEAKING PEOPLE

INGLÉS

PASO A PASO

ENGLISH STEP BY STEP
FOR SPANISH-SPEAKING PEOPLE

CHARLES BERLITZ

Charles Berlitz, world-famous linguist and author of more than 100 language teaching books, is the grandson of the founder of the Berlitz Schools. Since 1967, Mr. Berlitz has not been connected with the Berlitz Schools in any way.

WYNWOOD

WYNWOOD™ Press
New York, New York

Library of Congress Cataloging-in-Publication Data

Berlitz, Charles, 1914–
[English step-by-step for Spanish-speaking people]
Inglés step-by-step for Spanish-speaking people = Inglés paso-a-paso / Charles Berlitz.
p. cm.
Reprint. Originally published: English step-by-step for Spanish-speaking people. New York, N.Y. : Dodd, Mead, c1985.
ISBN 0-922066-44-2 : $10.95
1. English language—Textbooks for foreign speakers—Spanish. I. Title. II. Title: Inglés paso-a-paso.
PE1129.S8B423 1990
428.3′461—dc20 90-32678
CIP

Published by WYNWOOD™ Press
New York, New York
Printed in the United States of America

ÍNDICE

frutas, etc. — "al" con infinitivo = *when* seguido por el verbo — interjecciones — palabras neutras, sin género — vocabulario de restaurante — seleccionar y pedir — *do* para intensificar una petición

PASO **15**: EL TIEMPO PASADO (EL PRETÉRITO) 146

CONVERSACIÓN AL INSTANTE: EN UN AVIÓN 152

Cómo se forma el pasado (el pretérito) — economía de formas — interrogaciones y negaciones — el pasado inglés también traduce el imperfecto español — lista de verbos irregulares en el pretérito — varios sentidos de *to turn* y *to go* con diversas preposiciones

PASO **16**: LOS USOS DEL PARTICIPIO PASIVO 159

CONVERSACIÓN AL INSTANTE: EN UNA OFICINA 166

El participio pasivo usado en letreros y avisos — la voz pasiva — varios adjetivos que preceden a un substantivo — americano o norteamericano — dos maneras de formar el posesivo — el pretérito perfecto — los verbos tienen tres formas principales — dos de las cuales son iguales para los verbos regulares — los irregulares tienen tres formas distintas — lista de los verbos irregulares principales con sus formas del pretérito y del pretérito perfecto — la repetición del verbo auxiliar en contestaciones sin el verbo — algunas palabras de uso diferente entre los EEUU e Inglaterra

PASO **17**: USO DE AUXILIARES PARA INVITAR, PARA PEDIR PERMISO O INFORMACIÓN, Y PARA REPETIR LO DICHO 174

INTRODUCTION

Here's your passport to travel pleasure. Charles Berlitz, whose grandfather founded the internationally acclaimed Berlitz Language Schools, now offers a new and simplified learning technique to foreign language.

Using Berlitz's method, you'll be conversant in the language; you'll be able to read signs and newspapers with ease; and most important, you'll be comfortable and knowledgeable speaking or hearing the language.

How often have we not risked speaking a foreign tongue for fear of making a mistake or "doing it wrong"? With INGLÉS STEP-BY-STEP, accent and pronunciation problems are solved forever. There will be no need to fear appearing gauche before a waiter or salesperson, no terror at buying a train ticket or sending back a steak cooked rare instead of medium. You will discover the music and rhythm of language as spoken by those born into the culture and tradition of a nation.

Charles Berlitz has determined that we use approximately 2,000 words in daily speech in *any* language. So he includes in his program a vocabulary of 2,600 words chosen especially for their frequency of use.

By familiarizing yourself with these words, accompanied by the easily understood methods of pronunciation described herein, you will come to feel at ease in a new tongue, in the context of everyday life situations.

Make sure your travel—whether it's business, vacation, or the trip of a lifetime—isn't spoiled by an inability to savor the pleasures of the native tongue.

INGLÉS STEP-BY-STEP will be your personal guide to an unforgettable, truly satisfying journey to a welcoming, accessible land.

CÓMO PRONUNCIAR EL INGLÉS

Todas las frases en las lecciones y diálogos están escritas en tres líneas consecutivas. La primera línea está en inglés, la segunda indica cómo debe pronunciarse la primera, y la tercera es la traducción en español. Para pronunciar bien el inglés de la primera línea, lea Ud. la segunda línea como si estuviera escrita en español dándoles a las letras y sílabas la pronunciación española. Verá que los que hablan inglés le comprenderán perfectamente bien.

Aquí tiene un ejemplo:

Hello! How are you?
Jeló! Jau ar iu?
¡Hola! ¿Cómo está Ud.?

Fine, thank you. And you?
Fain, zaenk iu. Aend iu?
Bien, gracias. ¿Y Ud.?

Es conveniente, además, recordar ciertas diferencias básicas entre el inglés y el español, en cuanto a la pronunciación de algunos sonidos de las letras. Las vocales inglesas no conservan siempre el mismo sonido sino que éste varía según su posición dentro de las palabras o por otra razón.

- Muy frecuentemente la "a" se pronuncia como una contracción de "a" y "e" en español. Representamos esta manera de pronunciar la "a" con "ae" en la pronunciación fonética, significando así que la letra no tiene la pronunciación ni de "a" ni de "e" sino la contracción rápida de las dos.
- La letra "e" frecuentemente se pronuncia como la "i" española: *see* (ver) = si.
- La "i" se pronuncia como "ai": *I* (yo) = ai.
- La "h" se pronuncia generalmente como la "j": *house* (casa) = jaus.
- La "j" se pronuncia aproximadamente d'ch, suavizando mucho la "d": "June" (junio) = d'chun.
- En inglés proliferan las letras dobles. Note que la doble "ll" se pronuncia como una sola "l".

- La "o" se pronuncia como "o" y, a veces, como "u": *so* (así) = so; *do* (hacer) = du.
- La "sh" se pronuncia como el sonido "sh" en "Washington."
- La "th" inglesa se asemeja a la "z" — con la pronunciación castellana de ceceo: *they* (ellos) = zei.
- La "w" se pronuncia como una "u": *winter* (invierno) = uínter.
- La "z" y frecuentemente la "s" suenan como el sonido "*zz*" del zumbido de la abeja: *was* (era) = uazz.

De todos modos, para facilitar su pronunciación en cualquier momento, todo el texto de inglés está a su disposición escrito fonéticamente en la segunda línea. Esta puente de pronunciación le permitirá tener un buen acento en inglés desde el principio, y Ud. lo mejorará cada vez más con el uso.

Good luck!
Gud lac!
¡Buena suerte!

INGLÉS

PASO A PASO
PARA LOS HISPARLANTES

ENGLISH STEP BY STEP
FOR SPANISH-SPEAKING PEOPLE

paso 1 CONVERSACIÓN AL INSTANTE: EN UN CAFÉ

Los breves trozos de conversación a continuación se pueden oir diariamente en cualquier país donde se habla inglés. Recuerde que la segunda línea que da la pronunciación de la línea escrita en inglés debe leerse como si Ud. estuviera leyéndola en español. El resultado dará un inglés perfectamente comprensible a las personas con quienes Ud. pueda hablar.

— Good morning, sir.
Gud mórning, ser.
Buenos días, señor.

— Good morning.
Gud mórning.
Buenos días.

— A table for one, please.
E téibel for uon, plíis.
Una mesa para una persona, por favor.

> ***A* y *one***
> *A,* usado como artículo, significa "un" y "una," pero para indicar el número, se usa *one* para "uno" y "una".

— Certainly, sir. This way please.
Sértenli, ser. Zis uei plíis.
Como no, señor. Por aquí por favor.

— Here you are, sir. This table is free.
Jíer iu ar, ser. Zis téibel izz fri.
Aquí está, señor. Esta mesa está libre.

— Thank you. This is fine.
Zaenk iu. Zis izz fain.
Gracias. Ésta está muy bien.

This — that
"Este" y "esta" y también "esto" se traducen todos por *this*. De igual modo "ese," "esa," y "eso," y también "aquel," "aquella," y "aquello" significan *that*.

— A black coffee, please, and toast.
E blaec cofi plíis, aend tost.
Por favor, un café negro y tostadas.

— Right away, sir.
Rait auéi, ser.
En seguida, señor.

Ni masculino ni femenino
Los nombres de las cosas no se clasifican por ser masculinos ni femeninos y así los adjetivos que los describen tampoco varían su forma:

good coffee = café bueno
a good table = una mesa buena

— Hi, Robert. How are you today?
Jai, Rábert. Jau ar iu tudéi?
Hola, Roberto. ¿Cómo está hoy?

— Very well, thank you. And you?
Veri uel, zaenk iu. Aend iu?
Muy bien, gracias. ¿Y Ud.?

— O.K. thanks. Sit down here for a moment.
O.K. zaenks. Sitt daun jíer for e móment.
Así, así. Siéntese aquí por un momento.

— With much pleasure.
Uiz mach pleshier.
Con mucho gusto.

— Excuse me, sir. Is that all?
Exquiús mi, ser. Izz zaet ol?
Dispénseme, señor. ¿Es eso todo?

— No. Please bring another coffee for my friend.
No. Plíis bring anózer cofi for mai frend.
No. Por favor, traiga otro café para mi amigo.

El imperativo es fácil
Para dar órdenes se usa simplemente la forma básica del verbo, tal como se encuentra en el diccionario—

sentarse = (to) sit down
¡Siéntese! = Sit down!
traer = (to) bring
¡Traiga! = Bring!

— The coffee here is very good, isn't it?
Zi cofi jíer izz veri gud, ízzent itt?
El café de aquí es muy bueno, ¿no es así?

— Yes, it's not bad.
Ies, itts nat baed.
Sí, no está mal.

— Waiter! The check, please.
Uéiter, zi chec plíis.
¡Camarero! La cuenta, por favor.

— Here it is, sir.
Jíer itt izz, ser.
Aquí está, señor.

Es y está
"Es" y "está" se traducen ambos por *is*, excepto cuando se emplean con Ud. En este caso se traducen por *are*.

— Thank you for the coffee, Henry.
Zaenk iu for zi cofi, Jenri.
Gracias por el café, Enrique.

— You're welcome. It's a pleasure. Goodbye.
Iur uélcam. Itts e pléshier. Gudbái.
De nada. Es un placer. Adiós.

— So long.
So long.
Hasta luego.

La importancia de *it*
La palabra *it* se puede usar para designar cualquier objeto (o idea) que no sea una persona y,

a veces, animales. Nótese que no se puede dejar de usar *it* en una frase como sucede en castellano.

Is it good? ¿Es bueno?
Yes, it's good. Sí, es bueno.

Abreviaturas
Habrá notado el uso del apóstrofo que indica la contracción de las vocales, en construcciones verbales con el fin de acortarlas.

is not = isn't
it is = it's
you are = you're

El uso de tales contracciones en la conversación corriente es tan general que es aconsejable aprenderlas desde los primeros pasos en inglés.

¡PÓNGASE A PRUEBA!

Escriba el número de la frase inglesa en el espacio que sigue la letra de la frase española. Cuente 10 puntos por cada combinación correcta. Las contestaciones de estos ejercicios se encuentran en fondo de la página en forma invertida.

1. This way.	A. ____ En seguida.
2. This is fine.	B. ____ La cuenta, por favor.
3. With much pleasure.	C. ____ Hasta luego.
4. Right away.	D. ____ De nada.
5. Here it is.	E. ____ Dispénsame.
6. You're welcome.	F. ____ Esto está muy bien.
7. See you later.	G. ____ Por aquí.
8. Excuse me.	H. ____ Esta mesa está libre.
9. The bill, please.	I. ____ Aquí está.
10. This table is free.	J. ____ Con mucho gusto.

RESULTADO: ______%

Contestaciones: A4, B9, C7, D6, E8, F2, G1, H10, I5, J3.

paso 2 LUGARES Y TRANSPORTACIÓN EN UNA CIUDAD

A hotel, a restaurant, a theater, a bank.
E jotel, e réstrant, e zíeter, e baenk.
Un hotel, un restaurante, un teatro, un banco.

Is this a restaurant?
Izz zis e réstrant?
¿Es esto un restaurante?

Yes, it's a restaurant.
Ies, itts e réstrant.
Sí, es un restaurante.

La "h"
Acuérdese de pronunciar la "h" en la mayor parte de las palabras donde se emplea, como se pronuncia la "j" española.

Is this a theater?
Izz zis e zíeter?
¿Es esto un teatro?

No, it is not.
No, itt izz nat.
No, no lo es.

La "i" en la línea fonética
Es importante en los casos cuando aparece la "i" como única vocal en ciertas palabras de una sílaba cortar el sonido abierto que tiene la "i" en español. Así, con el fin de disminuir la "i", le añadimos una consonante más en la transcripción fonética.

Is it a hotel?
Izz itt a jotel?
¿Es un hotel?

No, it isn't.
No, itt ízzent.
No, no lo es.

No y not
Para contestar una pregunta con "sí" o "no" se usa *yes* y *no,* pero con la forma negativa del verbo se emplea "not":

He is not Mr. Jones.
Él no es el Sr. Jones.

A veces "is not" se abrevia a "isn't" y se une al verbo.

He isn't here.
Él no está aquí.

What is it?
Uat izz itt?
¿Qué es?

It's a bank.
Itts e bænk.
Es un banco.

A car, a taxi, a bus.
E car, e taxi, e bas.
Un auto, un taxi, un autobús.

Is this a taxi?
Izz zis e taxi?
¿Es esto un taxi?

Yes, it's a taxi.
Ies, itts e taxi.
Sí, es un taxi.

A movie theater, a store, a museum.
E muvi zíeter, e stor, e miusíem.
Un cine, una tienda, un museo.

Is this a store? Yes, it's a store.
Izz zis e stor? Iés, itts e stor.
¿Es esto una tienda? Sí, es una tienda.

Is this a museum? No, it's not a museum.
Izz zis e miusíem? No, itts nat e miusíem.
¿Es esto un museo? No, no es un museo.

It's a movie theater.
Itts e muvi zíeter.
Es un cine.

A street, an avenue, a statue.
E striit, an áeveniu, a staetiu.
Una calle, una avenida, una estatua.

What street is this?
Uat strít izz zis?
¿Qué calle es ésta?

It's Fifth Avenue.
Itts Fifz Áeveniu.
Es la Quinta Avenida.

What statue is that?
Uat staetiu izz zaet?
¿Qué estatua es ésa?

It's the Statue of Liberty.
Itts zi Staetiu av Líberti.
Es la Estatua de la Libertad.

La "th"
Como acaba de notar, la combinación "th" es muy común en inglés, ya sea al principio o dentro de una palabra. Para aproximarse a la pronunciación correcta, recuerde de pronunciar la "th" como se pronuncia la "z" en España, y la doble "z" como el zumbido de la abeja.

Is this the bus to the airport?
Izz zis zi bas tu zi érport?
¿Es éste el autobús para el aeropuerto?

Yes, it is.
Ies, itt izz.
Sí, lo es.

CONVERSACIÓN AL INSTANTE: UN PASEO EN TAXI

— Taxi, are you free?
Taexi, ar iu fri?
Taxi, ¿está libre?

— Yes, sir. Where are you going?
Ies, ser. Uer ar iu góing?
Sí, señor. ¿Adónde va Ud.?

— To the Hotel Washington. Is it far?
Tu zi jotel Uáshington. Izz itt far?
Al Hotel Wáshington. ¿Está lejos?

Los acentos
En inglés no se acostumbra a usar acentos escritos excepto en palabras extranjeras. Usamos el acento escrito en la segunda línea para indicarle allí el énfasis en la síliba cuando no está de acuerdo con la norma de la pronunciación castellana. Tampoco se usan los dos signos de interrogación — sólo uno al final de la pregunta.

— No, sir. It is not far. It's near.
No, ser. Itt izz nat far. Itts níer.
No, señor. No está lejos. Está cerca.

— Excuse me. Where is the Hotel Mayflower?
Exquiúzz mi. Uer izz zi Jotel Méflauer?
Dispénseme. ¿Dónde está el Hotel Mayflower?

— Over there, on the left.
Óver zer, an zi left.
Allí, a la izquierda.

— Is it a good hotel?
Izz itt e gud jotel?
¿Es un hotel bueno?

—Yes, sir. It's very good . . . and very expensive.
Ies, ser. Itts veri gud . . . æend veri expénsiv.
Sí, señor. Es muy bueno . . . y muy caro.

Una palabra en inglés — cuatro en castellano
El artículo "the" se puede traducir por *el, la, los* y *las* según el caso. La forma plural de los adjetivos no existe en inglés.

The big house. La casa grande.
The big houses. Las casas grandes.

(Nótese también que los adjetivos acostumbran preceder a la palabra que describen.)

—Where is the National Museum?
Uer izz zi Náeshonel Miusíem?
¿Dónde está el Museo Nacional?

—At the end of this street, on the right.
Aet zi æend av ziss striit, an zi rait.
Al final de esta calle, a la derecha.

—There it is. That big building on the other side of the street.
Zer itt izz. Zaet big bilding an zi ózer sáid av zi striit.
Allí está. Ese edificio grande, al otro lado de la calle.

—Here we are, sir. This is the Hotel Washington.
Jíer ui ar, ser. Zis izz zi Jotel Uáshington.
Aquí estamos, señor. Éste es el Hotel Wáshington.

—Very good. Thank you.
Veri gud. Zaenk iu.
Muy bien. Gracias.

—How much is it?
Jau mach izz itt?
¿Cuánto es?

—Four dollars.
For dalers.
Cuatro dólares.

—Let's see. One, two, three, four . . . and five.
Lets sii. Uan, tu, zri, for . . . æend faiv.
Vamos a ver. Uno, dos, tres, cuatro . . . y cinco.

— Thank you very much, sir.
Zaenk iu veri mach, ser.
Muchas gracias, caballero.

— You're welcome.
Iur uélcam.
De nada.

Palabras de cortesía

Las palabras *gentleman* — "caballero" o "señor" y *lady* — "dama" no se usan como formas de apelación directa sino que se usa *sir* para hombres, *madam* o *ma'am* para señoras, y *miss* para señoritas.

Al conocer el apellido de una persona, se usa *Mr., Mrs.,* o *Miss* con el apellido, los cuales se pronuncian Míster, Misses o Miss.

"No hay de qué" y "de nada" se pueden expresar por *You're welcome* y frecuentemente *Don't mention it* — "No lo mencione". *Welcome* también significa "Bienvenido" como, por ejemplo: *Welcome to the United States.* ¡Bienvenido a los Estados Unidos!

¡PÓNGASE A PRUEBA!

Traduzca las frases siguientes al inglés. Compare su traducción con los ejemplos al pie de la página. Cuente 10 puntos por cada traducción correcta.

1. ¿Adónde va Ud.? ______________________________
2. No está lejos. ______________________________
3. ¿Dónde está el Museo Nacional? ______________________________
4. Es muy caro. ______________________________
5. Allí está. ______________________________
6. ¿Es un hotel bueno? ______________________________
7. Esto es un cine. ______________________________
8. ¿Cuánto es? ______________________________
9. Está cerca. ______________________________
10. Dispénseme. ¿Qué calle es ésta? ______________________________

RESULTADO: ________%

Contestaciones: 1. Where are you going? 2. It's not far. 3. Where is the National Museum? 4. It's very expensive. 5. There it is. 6. Is it a good hotel? 7. This is a movie theater. 8. How much is it? 9. It's near. 10. Excuse me. What street is this?

paso 3 LOS VERBOS (TIEMPO PRESENTE)

Examples of the verb *to be:*
Exæmpels av zi verb *tu bi:*
Ejemplos de los verbos *ser* y *estar:*

What country are you from?
Uát contri ar iu fram?
¿De qué país son Uds.?

We are from different countries.
Ui ar fram díferent contris.
Somos de países diferentes.

I am from Cuba and my wife is from Spain.
Ai æm fram Qiuba ænd mai uaif izz fram Spein.
Yo soy de Cuba y mi esposa es de España.

Is Mr. Vargas Cuban too?
Izz míster Vargas Quiuben tu?
¿Es el Sr. Vargas cubano también?

"Ser" y "estar" = to be
El verbo *to be* se traduce igualmente por "ser" y "estar":

I am	yo soy (o) estoy
you are	Ud. es (o) está
he (she) (it) is	él (ella) (ello) es (o) está
we are	nosotros somos (o) estamos
they (you) are	ellos (ellas) (Uds.) son (o) están

Hay que usar el pronombre *I, you, he,* etc. con el verbo y no acortarlo a veces como en castellano:

soy = I am (El pronombre *I* [yo] siempre se escribe en mayúscula.)

El pronombre *it* se emplea cuando no se especifica si el sujeto del verbo es de sexo masculino o femenino.

No, he is Mexican.
No, ji izz Méksiquen.
No, es mexicano.

Who is the lady who is with him?
Ju izz zi ledi ju izz uiz jim?
¿Quién es la dama que está con él?

She is his wife. She is English.
Shi izz jizz uaif. Shi izz Inglish.
Ella es su esposa. Es inglesa.

Who are those people?
Ju ar zozz pípel?
¿Quiénes son esas personas?

They are Mr. and Mrs. Wilson.
Zei ar Míster ænd Misses Uílsen.
Son el Sr. y la Sra. Wilson.

They are Americans. They are from California.
Zei ar Américæns. Zei ar fram California.
Son americanos. Son de California.

Are those their children?
Ar zozz zer children?
¿Son aquéllos sus hijos?

The tall child is their son.
Zi tol chaild izz zer san.
El niño alto es su hijo.

The other children are his friends.
Zi ázer children ar jizz frends.
Los otros niños son sus amigos.

El posesivo
Los pronombres no varían con el plural. Véase:

my	mi (o) mis
your	su (o) sus, (de Ud., de Uds.)
his (her, its)	su (o) sus, (de él, de ella, de ello)

our	nuestro (- s), nuestra (- s)
their	su (o) sus, (de ellos, de ellas)

The verb *to speak.*
Zi verb *tu spíik.*
El verbo *hablar.*

Do you speak English, madam?
Du iu spíik Inglish, máedem?
¿Habla Ud. inglés, señora?

Yes, I speak English.
Ies, ai spíik Inglish.
Sí, hablo inglés.

Does your husband speak English too?
Dazz iur jásbaend spíik Inglish tu?
¿Habla su marido inglés también?

Yes, he speaks English and French also.
Ies, ji spíiks Inglish aend French also.
Sí, habla inglés y también francés.

Economía de formas verbales
En lugar de las seis formas de las conjugaciones en español, el inglés tiene sólo dos — a la tercera persona en el tiempo presente del indicativo se añade una *s*. Por ejemplo:

I speak	yo hablo
you speak	Ud. habla, Uds. hablan, tú hablas, vosotros habláis
he (she, it) speaks	él (ella, ello) habla
we speak	nosotros (nosotras) hablamos
they speak	ellos (ellas) hablan

Debe decirse que, en muchos casos,el inglés es menos complicado que el castellano.

Preguntas con *do*
Para hacer interrogaciones se usan las palabras *does* para la tercera persona (él, ella, ello)

y *do* para las demás. Sólo *to be* (ser) es una excepción: *(Am I? Are you? Is he? etc.)*

My father and mother speak only Spanish.
Mai fázer ænd mázer spíik onli Spǽnish.
Mi padre y mi madre hablan solamente español.

They do not speak English.
Zei du nat spíik Inglish.
No hablan inglés.

Does your daughter speak English?
Dazz iur dóter spíik Inglish?
¿Habla inglés su hija?

No, she does not speak it yet.
No, shi dazz nat spíik itt iet.
No, no lo habla todavía.

We do not speak English at home.
Ui du nat spíik Inglish æt jom.
No hablamos inglés en casa.

La forma negativa "do not"
El negativo del tiempo presente para todos los verbos se forma con *do not* or *does not* situado antes del verbo a que se refiere.

En el tiempo presente la forma básica del verbo no varía con excepción de la s al final de la tercera persona del singular (*he, she, it).* Las solas excepciones son: *is (to be* — "ser" y "estar") y *has (to have*—"tener"). Algunos otros verbos cambian sólo la ortografía (no el sonido) de la última letra, los cuales se detallarán a continuación.

Examples of other verbs:
Exempels ov ózer verbs:
Ejemplos de otros verbos:

Mrs. Blanco, this is my friend Gordon Baker.
Misses Blanco, zis izz mai frend Gorden Béker.
Señora Blanco, éste es mi amigo Gordon Baker.

Mrs. Blanco comes from Venezuela.
Misses Blanco cams fram Venezuela.
La señora Blanco viene de Venezuela.

How do you do, Mr. Baker.
Jau du iu du, Míster Béker.
Mucho gusto, Sr. Baker.

I am happy to meet you, Mrs. Blanco.
Ai æm jæpi tu miit iu, Misses Blanco.
Tengo mucho gusto en conocerla, Sra. Blanco.

Fórmulas de cortesía
Aunque *How do you do* literalmente significa "¿Cómo está Ud.?" es la fórmula más empleada para corresponder a una presentación. (La que emplea el Sr. Baker es más cortés aún.)

Welcome to New York.
Uélcam tu Niu Iork.
Bienvenida a Nueva York.

Is this your first visit here?
Izz zis iur ferst vízzit jíer?
¿Es ésta su primera visita aquí?

No; my husband comes here frequently on business
No; mai jásbænd cams jíer frécuentli an bizznes
No; mi esposo viene aquí frecuentemente de negocios

and I usually come too.
ænd ai iúsuali cam túu.
y usualmente vengo también.

Do you like New York?
Du iu laik Niu Iork?
¿Le gusta Nueva York?

Un atajo útil de vocabulario
La terminación *-ly* equivale a "-mente" en español. Así es que muchos adverbios en inglés son bastante fáciles de reconocer. Por ejemplo:

rapidly	rápidamente
generally	generalmente
usually	usualmente
possibly	posiblemente
frequently	frecuentemente
naturally	naturalmente
directly	directamente
legally	legalmente
correctly	correctamente
absolutely	absolutamente

I like it very much.
Ai laik itt veri mach.
Me gusta muchísimo.

The shops are beautiful.
Zi shaps ar biútifel.
Las tiendas son bellas.

And there are so many things to do.
Aend zer ar so meni zings tu du.
Y hay tantas cosas que hacer.

To do — hacer
Además de emplearse para expresar el negativo y formular preguntas, el significado básico de *to do* as "hacer", Así es que la pregunta ¿Lo hace él?—*Does he do it?* emplea *to do* dos veces. Para facilitar la pronunciación la *s* final de *does* está precedida por una *e,* lo que también pasa con *to go:*

He (she, it) goes. Él (ella, ello) va.

Do you often go to the department stores?
Du iu often go tu zi dipártment stors?
¿Va a menudo a los almacenes?

Certainly! I like to buy many things there.
Sértenli! Ai laik tu bai meni zingzs zer.
¡Ciertamente! Me gusta comprar muchas cosas allí.

But my husband does not like to go shopping.
Bat mai jásbaend dazz nat laik tu go shápping.
Pero a mi esposo no le gusta ir de compras.

Naturally. Men generally don't like
Náechurali. Men dchénerali dont laik
Naturalmente. Generalmente no les gusta a los hombres

to go shopping in department stores,
tu go shápping inn dipártment stors,
ir de compras en las tiendas por departamentos.

especially in expensive ones.
espésiali inn expénsiv uons.
especialmente en las costosas.

To like y el complemento directo (_direct object_)

El objeto del gusto (o disgusto) no rige el verbo (como lo hace en español). En inglés, al contrario, la persona que experimenta el gusto es lo que determina la forma del verbo.

I like London. = Londres me gusta.
Do you like tennis? = ¿Le gusta el tenis?
They like golf. = Les gusta el golf.
I don't like it. = No me gusta.
Do you like them? = ¿Le gustan?

Los pronombres personales se modifican en su forma del complemento directo como sigue:

I = *me*
you (no cambia)
he = *him*
she = *her*
it (no cambia)
we = *us*
they = *them*

CONVERSACIÓN AL INSTANTE: EN UNA OFICINA

MR. MARTIN:

Good morning. Is this Mr. Hart's office?
Gud mórning. Izz zis Míster Jarts afis?
Buenos días. ¿Es ésta la oficina del Sr. Hart?

El posesivo con 's
El posesivo se puede expresar con nombres y substantivos por el uso de 's.

The woman's hat. El sombrero de la mujer.
Dick's car. El auto de Dick.
A man's suit. Un traje de hombre.

SECRETARY:

Yes, sir. I am his secretary.
Ies, ser. Ai æm jizz sécretari.
Sí, señor. Soy su secretaria.

MR. MARTIN:

Is Mr. Hart in his office today?
Izz Míster Jart inn jizz afis tudéi?
¿Está el Sr. Hart en su oficina hoy?

SECRETARY:

Yes, he is. Do you have an appointment with him?
Ies, ji izz. Du iu jav æn apóintment uiz jimm?
Sí, está. ¿Tiene Ud. cita con él?

Pronombres con preposiciones
Al seguir directamente las preposiciones, los pronombres toman las formas de los del complemento directo, o sea,
— *me, you, him, her, it, us, them.*

MR. MARTIN:

No, I haven't. But I'm a friend of Mr. Hart's.
No, ai jávent. Bat aim e frend av míster Jarts.
No, no tengo. Pero soy amigo del Sr. Hart.

Here's my card. Is it possible to see him?
Jíerzz mai card. Izz itt pásibel tu si jim?
Aquí está mi tarjeta. ¿Es posible verlo?

SECRETARY:

I think he's in a conference.
Ai zinc jizz inn e cánferens.
Pienso que está en una conferencia.

El inglés suele ser lacónico.
A veces *that* (que) se elimina en la conversación corriente, ya sabido que la secretaria quiere decir *I think (that)* . . . — Yo pienso que . . .

Please wait a moment.
Plíis weit e móment.
Espere un momento, por favor.

(She speaks on the telephone.)
(Shi spíiks an zi télefon.)
(Habla por teléfono.)

Hello! Mr. Hart? Are you busy now?
Jeló! Míster Hart? Ar iu bizzi nau?
¡Hola! ¿Señor Hart? ¿Está ocupado ahora?

Mr. William Martin is here.
Míster Uíliam Martin izz jíer.
El Sr. William Martin está aquí.

Very well, Mr. Hart. Immediately.
Veri uel, Míster Jart. Imídietli.
Muy bien, Sr. Hart. Inmediatamente.

He's free now, Mr. Martin.
Jizz fri nau, Míster Martin.
Está libre ahora, Sr. Martin.

Come this way, please.
Cam zis uei, pliis.
Venga por aquí, por favor.

MR. MARTIN:
Thank you. You're very kind.
Zaink iu. Iur veri caind.
Gracias. Ud. es muy amable.

Las contracciones
Como habrá notado arriba hemos venido usando las abreviaturas más comunes delinglés corriente con cierta frecuencia. Esto es por qué Ud. tendrá que acostumbrarse a su uso en la conversación diaria para poderlas entender. Su uso en la literatura es menos frecuente pero el saber hablar y entender el inglés corriente es lo que más debería interesarle al principio, porque esto le permite familiarizarse con estas contracciones no importa lo rápido con que se hable. Las contracciones de los verbos *to be* y *to have* con pronombres en sus formas afirmativas y negativas son:

I am	I'm
you are	you're
he (she, it) is	he's (she's, it's)
I am not	I'm not
you are not	you aren't
he (she, it) is not	he (she, it) isn't
I have	I've
you have	you've
I have not	I haven't
you have not	you haven't
he (she, it) has not	he (she, it) hasn't
I do not	I don't
you do not	you don't
he (she, it) does not	he (she, it) doesn't

Las contracciones con los pronombres *they* y *we* siguen las formas de *you* como arriba indicadas.

¡PÓNGASE A PRUEBA!

Escriba en el lugar indicado la letra de la segunda columna que traduzca el número de la frase de la primera columna. Cuente 10 puntos por cada contestación correcta.

1. What country are you from?	A. Ella es inglesa.
2. We are from different countries.	B. ¿De qué país son Uds.?
3. Who are those people?	C. Son americanos.
4. She is English.	D. ¿Habla Ud. inglés?
5. They are Americans.	E. Les gusta hablar francés.
6. Do you speak English?	F. ¿Quiénes son esas personas?
7. They like to speak French.	G. Somos de países diferentes.
8. This is my friend.	H. ¿Le gusta ir de compras?
9. Do you like to go shopping?	I. Espere un momento, por favor.
10. Please wait a moment.	J. Éste es mi amigo.

1.___, 2.___, 3.___, 4.___, 5.___, 6.___, 7.___,8.___, 9.___, 10.___

RESULTADO: _______%

Contestaciones: 1B, 2G, 3F, 4A, 5C, 6D, 7E, 8J, 9H, 10I.

paso 4 LOS NÚMEROS Y CÓMO USARLOS

The numbers:
Zi námberzz:
Los números:

1	2	3	4	5
one	two	three	four	five
uon	**tu**	**zri**	**for**	**faiv**
6	7	8	9	10
six	seven	eight	nine	ten
six	**séven**	**éit**	**nain**	**ten**

From ten to twenty:
From ten tu tuenti:
De 10 a 20:

11	12	13	14
eleven	twelve	thirteen	fourteen
eleven	**tuelv**	**zertin**	**fortin**
15	16	17	18
fifteen	sixteen	seventeen	eighteen
fiftin	**sixtin**	**séventin**	**eitin**
19	20		
nineteen	twenty		
naintin	**tuenti**		

After 20:
Áefter tuenti:
Después de 20:

21 twenty-one **tuenti-uon**	22 twenty-two **tuenti-tu**	23 etc. twenty-three etcetera **tuenti-zri**
And then: **Aénd zen:** Y entonces:	30 thirty **zerti**	31 thirty-one **zerti-uon**
40 forty **forti**	50 fifty **fifti**	60 sixty **sixti**
70 seventy **séventi**	80 eighty **eiti**	90 ninety **nainti**
100 one hundred **uon jándred**	101 a hundred and one **e jándred æend uon**	102 a hundred and two **e jándred æend tu**
200 two hundred **tu jándred**	300 three hundred **zri jándred**	400 four hundred **for jándred**
500 five hundred **faiv jándred**	600 six hundred **six jándred**	700 seven hundred **seven jándred**
800 eight hundred **eit jándred**	900 nine hundred **nain jándred**	1000 one thousand **uon záuzend**
10,000 ten thousand **ten záuzzend**	100,000 one hundred thousand **uan jándred záuzend**	1,000,000 a million **e millon**

Cientos, miles, y millones
Nótese que es costumbre usar *and* cuando el número ciento es seguido por otro número. Con los números más altos de 999 se pone una coma donde en la mayoría de los países latinos se pondría un punto.

Numbers are very important.
Nambers ar veri impórtant.
Los números son muy importantes.

In stores:
Inn stors:
En las tiendas:

A customer: How much is this?
E cástomer: Jau mach izz zis?
Una cliente: ¿Cuánto vale esto?

The sales clerk: Six and a half dollars, madam.
Zi seils clerc: Six ænd e jæf dalers máedem.
El vendedor: Seis dólares y medio, señora.

The customer: Very well. Have you change for a fifty dollar bill?
Zi cástomer: Veri uel. Jæv iu cheinch for e fifti daler bil?
El cliente: Muy bien. ¿Tiene cambio de un billete de cincuenta dólares?

On the telephone:
An zi télefon:
Al teléfono:

A voice: Hello! Who is speaking?
E vois: Jeló! Ju izz spíiking?
Una voz: ¡Hola! ¿Quién habla?

Second voice: Is this 683-4075?
Sécond vois: Izz zis six eit zri for o seven faiv?
Segunda voz: ¿Es este el 683-4075?

First voice: No. This is 683-4079.
Ferst vois: No. Zis izz six eit zri for o seven nain.
Primera voz: No. Este es 683-4079.

Second voice: Oh! I'm sorry! Wrong number!
O! Aim sari! Rong námber!
¡Oh! ¡Lo siento! ¡Número equivocado!

Nota telefónica
Information, please. = Información, por favor.
Long distance. = Larga distancia.
Overseas call. = Una llamada al extranjero.

For addresses: What is your address, please?
For ædresizz:
Uat izz iur dress, plíis?
Para las direcciones:
¿Cuál es su dirección, por favor?

144 5th Avenue.
Uan forti for Fifz Æveniu.
Uno cuarenta y cuatro, Quinta Avenida.

— We are on the fifth floor. Apartment 5C.
Ui ar an zi fifz flor. Apártment faiv ci.
Estamos en el quinto piso. Apartamento 5C.

Primero, segundo, etc.
Los números ordinales de 1 a 10 son como sigue:

first — primero	sixth — sexto
second — segundo	seventh — séptimo
third — tercero	eighth — octavo
fourth — cuarto	ninth — noveno
fifth — quinto	tenth — décimo

In an elevator
Con los ascensores americanos el primer piso es también el piso bajo, no el segundo, como en los países latinos. Otras palabras importantes en los ascensores son *up* (arriba), *down* (abajo) y, a veces, *out of order* (no funciona).

To tell the time:
Tu tel zi táim:
Para decir la hora:

What time is it?
Uat táim izz itt?
¿Qué hora es?

It's seven o'clock.
Its seven oclac.
Son las siete.

It's five minutes past seven.
Its faiv minets past seven.
Son las siete y cinco.

It's ten past seven.
Its ten past seven.
Son las siete y diez.

. . . a quarter past seven.
. . . e cuórter past seven.
. . . las siete y cuarto.

. . . half past seven.
. . . jæf past seven.
. . . las siete y media.

. . . twenty to eight.
. . . tuenti tu eit.
. . . las ocho menos veinte.

. . . a quarter to eight.
. . . e cuórter tu eit.
. . . son un cuarto para las ocho.

Now it's eight o'clock.
Nau itts eit oclac.
Ahora son las ocho.

Diciendo la hora
La palabra *o'clock* significa ''según el reloj'' y sirve para indicar la hora íntegra. Son las 3 = *It's three o'clock* o *It's three.* En vez de usar las palabras *past* y *to* para designar los minutos, se suele también decir los números por sí solos, de I a 59, después de la hora indicada como sigue:

eight twenty-five = las 8 y 25
nine forty-five = las 9 y 45

To make appointments:
Tu meik apóintments:
Para hacer citas:

Let's meet at five tomorrow.
Lets miit æt faiv tumaro.
Vamos a encontrarnos mañana a las cinco.

That's a good idea. But where?
Zaets e gud aidía. Bat uer?
Es una idea buena. Pero, ¿dónde?

At the railroad station.
Aet zi réilrod stéishun.
En la estación de ferrocarril.

In front of the information booth.
Inn frant av zi informeshon buz.
En frente del puesto de información.

Un atajo lingüístico
Otras palabras inglesas fáciles de reconocer tienen una "t" en la última sílaba en lugar de "c" o "cc"

nation	selection
action	transportation
infection	protection
construction	revolution
admiration	constitution

Así es que Ud., como va adelantándose en inglés, encontrará miles de palabras que fácilmente reconocerá y retendrá en su memoria.

But if I don't come at exactly five,
Bat if ai dont cam æt exáectli faiv,
Pero si no vengo a las cinco en punto,

please wait a few minutes, O.K?
Plíis ueit e fiú mínets, o kei?
por favor, espere unos minutos, ¿está bien?

Para dar órdenes
Para formar el imperativo se usa el verbo básico así:

Come! ¡Venga!
Wait, please! ¡Espere, por favor!

(Desde luego, es siempre aconsejable emplear *please* con el imperativo.) Para el negativo del imperativo se usa *don't.*

Don't speak! ¡No hable!

Una palabra internacional—O.K.
Aunque O.K. sea bastante idiomático se usa con frecuencia no sólo en los países de habla inglesa sino también en muchas partes del mundo. Hay que admitir que tiene un puesto permanente en el inglés hablado.

CONVERSACIÓN AL INSTANTE: EN UNA UNIVERSIDAD

A young man speaks to a young woman.
E iong mæn spíiks tu e iong uoman.
Un joven habla con una joven.

THE YOUNG MAN:
ZI IONG MÆN:
EL JOVEN:

Good morning, Miss.
Gud mórning, Miss.
Buenos días, señorita.

You're a new student here, aren't you?
Iur e niú stúdent jíer, arnt iu?
Ud. es una estudiante nueva aquí ¿no es así?

Otra inversión del verbo to be
La inversión de las formas de *to be* y *to do* al final de una frase equivale a "¿verdad?" "¿no es así?" o "¿no es verdad?" en castellano.

He is Spanish, isn't he? — Él es español, ¿no es verdad?
They speak Spanish, don't they? — Ellos hablan español, ¿verdad?

THE YOUNG WOMAN:
ZI IONG UOMAN:
LA JOVEN:

Yes, this is my first year.
Ies, zis izz mai ferst íier.
Sí, éste es mi primer año.

THE YOUNG MAN:

Welcome to the university!
Uélcam tu zi iunivérsiti!
¡Bienvenida a la universidad!

I am from the Dean's office.
Ai æm fram zi Diinzz ofis.
Soy de la oficina del decano.

My name is James Carrington.
Mai naim izz Dcheims Cáerington.
Me llamo James Carrington.

THE YOUNG WOMAN:

I am very happy to meet you.
Ai æm veri jaepi tu miit iu.
Tengo mucho gusto en conocerlo.

THE YOUNG MAN:

—The pleasure is mine.
Zi pléizziur izz main.
El gusto es mío.

Pardon me, but I need some information
Pardon mi, bat ai niid sam informeshon
Perdone, pero necesito alguna información

about you and your study program.
abaut iu aend iur stadi prógraem.
sobre Ud. y su programa de estudios.

First, what is your name?
Ferst, uat izz iur neim?
Primero, ¿cómo se llama Ud.?

THE YOUNG WOMAN:

—My name is Erskine, Catherine Erskine.
Mai neim izz Erskinzz, Cázrin Erskin.
Me llamo Erskine, Catherine Erskine.

What is your name?
name = nombre
first name = nombre de pila

middle name = segundo nombre, usualmente indicado sólo por una inicial entre los otros nombres
last name o *family name* = apellido (sólo el patronímico)

THE YOUNG MAN:
—Good. What is your study program this semester?
Gud. Uat izz iur stadi prógræm zis siméster?
Bueno. ¿Cuál es su programa de estudios este semestre?

THE YOUNG WOMAN:
—Elementary French, Modern History,
Eleméntari French, Modern Jístori,
Francés elementario, Historia moderna,

English Composition and Literature, and Biology.
Inglish Composishon ænd Líteratiur, ænd Baiólodchi.
Composición y Literatura inglésas, y Biología.

Palabras parecidas
Note cómo otros cursos de estudios se parecen en español e inglés.

mathematics	matemáticas
geography	geografía
sociology	sociología
philosophy	filosofía
psychology	psicología
medicine	medicina
zoology	zoología
geology	geología
music	música
art	arte

THE YOUNG MAN:
—Good. And what is your telephone number?
Gud. Ænd uat izz iur télefon námber?
Bueno. Y ¿cuál es su número de teléfono?

THE YOUNG WOMAN:
—My number is 561-3470.
Mai námber izz faiv six uon zri for seven o.
Mi número es 561-3470.

THE YOUNG MAN:
—And your address?
Aend iur ádress?
¿Y su dirección?

THE YOUNG WOMAN:
—My address is 173 Church Street, Apartment 3B.
Mai adress izz uon séventi zri Cherch Striit, apártment zri bi.
Mi dirección es 173 Calle Church, apartamento 3B.

THE YOUNG MAN:
—That's all. Thank you very much. Good-bye!
Zaets ol. Zaenk iu veri mach. Gud bai!
Eso es todo. Muchísimas gracias. ¡Adiós!

Very
Very, se traduce por "muy" y también sirve para traducir la terminación -ísimo.

She is beautiful. Es bella.
She is very beautiful. Es bellísima.
He is rich. Es rico.
He is very rich. Es riquísimo.

A FRIEND OF THE YOUNG WOMAN:
E FREND OV ZI IONG UOMAN:
UN AMIGO DE LA JOVEN:

Hi, Catherine!
Jai Cázrin!
¡Hola, Catherine!

Do you know that character?
Du iu no zaet cáracter?
¿Conoces a ese tipo?

Una palabra en inglés—dos en español:
"conocer" y "saber", ambos se traducen por el verbo *to know.*

YOUNG WOMAN:
He is not a character.
Ji izz nat e cáracter.
No es un tipo.

He's from the Dean's office.
Jiizz fram zi Díinzz ofis.
Él es de la oficina del decano.

FRIEND:

Wait a minute! That's a joke.
Ueit e mínit! Zæts e d'chok!
¡Espere un momento! Es una broma.

It isn't true.
Itt ízzent tru.
No es verdad.

He doesn't work in the Dean's office.
Ji dázzent uerk inn zi Díinzz ofis.
El no trabaja en la oficina del Decano.

He's a student like us.
Jíis e stúdent laik as.
Es un estudiante como nosotros.

Be careful, eh?
Bi cærful, eh?
Cuidado, ¿eh?

La pronunciación de los artículos *a* y *the*
Desde el primer paso hemos indicado que los artículos *a* y *the* deben pronunciarse *e* y *zi* respectivamente. Aunque sea ésta la pronunciación correcta, tales artículos se modifican en la conversación rápida hasta sonarse la primera como la *a* española (pero muy corta) y la segunda como el sonido *za* (también corto). Esta pronunciación le será fácil con la práctica pero mientras tanto podrá notar cómo pronuncia la gente estos artículos según el caso y la rapidez de expresarse uno.

¡PÓNGASE A PRUEBA!

Combine las frases inglesas de la primera columna con las españolas de la segunda, escribiendo en el lugar indicado. Cuente 10 puntos por cada contestación correcta.

1. Wait a minute.	A. Necesito alguna información.
2. It's not true.	B. ¿Cómo se llama Ud.?
3. What is your telephone number?	C. Eso es todo.
4. He is a student.	D. No es verdad.
5. I need some information.	E. Tengo mucho gusto en conocerlo.
6. Have a nice day!	F. El gusto es mío.
7. What is your name?	G. Espere un momento.
8. That's all.	H. ¿Cuál es su número de teléfono?
9. The pleasure is mine.	I. ¡Que tenga un buen día!
10. I am happy to meet you.	J. Es un estudiante.

1.___, 2.___, 3.___, 4.___, 5.___, 6.___, 7.___, 8.___, 9.___, 10.___

RESULTADO: ________%

Contestaciones: 1G, 2D, 3H, 4J, 5A, 6I, 7B, 8C, 9F, 10E.

paso 5 VOCABULARIO — OFICINA, CASA, RECREO

— Is there anybody in the office?
Izz zer enibadi inn zi ofis?
¿Hay alguien en la oficina?

— Yes, there are some people there.
Ies, zer ar sam pípel zer.
Sí, hay alguna gente allí.

— There are eleven people, seven men and four women.
Zer ar ileven pípel, seven men ænd for uimin.
Hay once personas, siete hombres y cuatro mujeres.

El plural sin "s"
Aunque el plural se forma casi siempre con "s" hay algunas excepciones importantes.

hombre = *man*	hombres = *men*
mujer = *woman*	mujeres = *women*
niño = *child*	niños = *children*
ratón = *mouse*	ratones = *mice*
pie = *foot*	pies = *feet*
diente = *tooth*	dientes = *teeth*

People, por su parte, es una palabra ya colectiva, equivaliendo a "personas" o "gente".

— What are they doing?
Uat ar zei dúing?
¿Qué están haciendo?

— They are all working.
Zei ar ol uérking.
Todos están trabajando.

Some are talking on the telephone.
Sam ar taking an zi télefon.
Algunos están hablando por teléfono.

Others are writing letters on typewriters,
Ozers ar ráiting leters an táipraiters,
Otros están escribiendo cartas en máquinas de escribir,

Letter = "carta" o "letra".

or reading reports.
or ríiding riports.
o leyendo reportes.

La terminación -ing
El progresivo se expresa con las formas de *to be* con el participio presente lo que es el verbo básico con la terminación *-ing*. El progresivo suele usarse muy a menudo en inglés para expresar una acción que ocurre en el momento presente.

Observe la diferencia:

I go out to lunch at noon.
Salgo a almorzar a mediodía.
I am going out to lunch now.
Salgo a almorzar ahora.

Another is working with a computer.
Enázer izz uérking uiz e compiúter.
Otro está trabajando con una computadora.

Now it is five o'clock.
Náu itt izz faiv oclac.
Ahora son las cinco.

Everyone is going home.
Evri-uon izz góing jom.
Todo el mundo va a casa.

At five thirty nobody is in the office.
Aet faiv zerti nóbadi izz inn zi ofis.
A las cinco y treinta no hay nadie en la oficina.

Somebody — nobody
El inglés tiene cuatro palabras para "alguien" y dos para "nadie":
Vea:

Alguien =	*somebody*	o	*someone*
	anybody	o	*anyone*
nadie =	*nobody*	o	*no one*

Con *nobody* o *no one* no se usa el negativo del verbo, aunque sí se usa con el negativo de *anybody* o *anyone.*

Así "no hay nadie" se expresa por *There is nobody* o *There is no one.*

In the living room there are chairs, a sofa, tables,
Inn zi lívingrum zer ar chers, e sofa, tébels,
En la sala hay sillas, un sofá, mesas,

bookshelves and a television set.
bukshelvs ænd e télevishon sett.
estantes de libros y un televisor.

The house = la casa
living room = sala
dining room = comedor
kitchen =cocina
hall = pasillo
bedroom = dormitorio
bathroom = baño
doors = puertas
closet = armario
stairs = escalera
windows = ventanas

Nótese que "casa" significa *house* o *home* (hogar) según cómo se emplea.

Is there anything on the large table?
Izz zer énizing an zi lardch tébel?
¿Hay algo en la mesa grande?

Large and small
Grande y pequeño se traducen por *big* and *little* e igualmente por *large* y *small,* siendo éstas últimas preferidas para medidas de ropa, ciudades, montañas, etc.

Yes, there is something on it,
Ies, zer izz sámzing an itt,
Sí, hay algo encima,

a lamp, pictures, and flowers.
e læmp, pictiurs, ænd fláuers.
una lámpara, cuadros y flores.

There is nothing on the small table.
Zer izz nozing an zi smol tebel.
No hay nada en la mesa pequeña.

Something, anything, nothing
Estas palabras se aplican a cosas *(things)* como *somebody, anybody* y *nobody* se refieren a personas. *Something* y *anything* significan "algo" o "alguna cosa".
¿Hay algo allí? *Is anything there?*
No, no hay nada. = *No,there is nothing.* (o) *No, there is not anything.*
Ud. notará que el negativo se emplea en inglés con *anything* pero no con *nothing,* que ya es negativo.

A man is sitting on the sofa.
E mæn izz sítting an zi sofa.
Un hombre está sentado en el sofá.

He is watching television.
Ji izz uáching télevishon.
Está mirando la televisión.

His wife asks him,
Jizz uaif æsks jimm,
Su esposa le pregunta,

"Are you watching anything interesting?"
Ar iu uáching énizing ínteresting?
—¿Estás mirando algo interesante?

Recuerde
El progresivo se emplea más a menudo en inglés que en español.
Otro ejemplo:

He is standing. = Está de pie.

He answers her, "Nothing special. Only the news program."
Ji ænsers jer, "Nózing spéshal. Onli zi nius prógræm."
Él le contesta, -Nada de especial. Solamente el programa de noticias.

Los pronombres: complementos indirectos
Los pronombres usados como complementos indirectos son: *me, you, him, her, it, us, them,* que Ud. ya conoce porque tienen la misma forma que los pronombres de complemento directo y los pronombres objetos de preposiciones. Siempre siguen el verbo.

Ella le pregunta. = *She asks him.*
Él me pregunta. = *He asks me.*
¡Pregúntele a ella! = *Ask her!*
Él nos contesta. = *He answers us.*

Con "hablar" y otros verbos (vea página 78) la palabra *to* precede al complemento indirecto.

Les hablamos. = *We speak to them.*
Ella me habla. = *She speaks to me.*

But later they are showing a mystery movie.
Bat léter zei ar shówing e místeri muvi.
Pero más tarde se muestra una película de misterio.

They say . . .
El *se* impersonal empleado en expresiones como *se habla, se dice,* etc. está frecuentemente expresado en inglés por *they* (ellos).

They speak English in Washington. = Se habla inglés en Wáshington.

They say she is British. = Se dice que ella es británica.

BOY: Mother, is there anything to eat?
BOI: Mózer, izz zer énizing tu íit?
MUCHACHO:—Madre, ¿hay algo para comer?

I'm hungry.
Aim jangri.
Tengo hambre.

Idiotismos con *to be*
Se usa *to be* (ser o estar) en lugar de *to have* (tener) en varios lugares donde parecería el uso de tener como el más indicado. Es otro ejemplo de la necesidad de traducir una lengua por conceptos y no palabra por palabra.

tener sed = *to be thirsty*
tener hambre = *to be hungry*
tener frío = *to be cold*
tener calor = *to be hot*
tener razón = *to be right*
tener suerte = *to be lucky*
tener mala suerte = *to be unlucky*

MOTHER: There's bread and peanut butter
MÓZER: Zerzz bred ænd pínat báter
MADRE: — Hay pan y manteca de maní

on the kitchen table.
an zi kichen tebel.
sobre la mesa de la cocina.

Economizando palabras
Note cómo se invierte el substantivo *kitchen* poniéndose delante del substantivo *table.* (Esta costumbre del inglés de economizar palabras conectadoras hace que los párrafos del inglés escrito suelan ocupar menos espacio que los escritos en castellano.)

And, if you are thirsty,
Aend, iff iu ar zersti,
Y, si tienes sed,

there's milk in the refrigerator.
zerzz milk inn zi refrídchereter.
hay leche en la refrigeradora.

(También se puede decir *icebox,* "nevera," para *refrigerator.*)

But don't eat too much now.
Bat dont íit tu mach náu.
Pero no comas demasiado ahora.

We're going to have dinner soon.
Uir góing tu jæv díner súun.
Vamos a cenar pronto.

CONVERSACIÓN AL INSTANTE: UNA INVITACIÓN AL CINE

— Hi girls, where are you going?
Jai guerlzz, uér ar iu góing?
Hola, muchachas, ¿a dónde van?

— We're going to the movies.
Uir góing tu zi múvis.
Vamos al cine.

— To which theater?
Tu uich thíater?
A qué teatro?

— We are going to the Capitol.
Ui ar góing tu zi Cáepitol.
Vamos al Capitolio.

— What film are they giving today?
Uat film ar zei gíving tudéi?
¿Qúe película se da hoy?

— A new one. They say it's very funny.
E niú uan. Zei sei itts veri fani.
Una nueva. Se dice que es muy cómica.

And it has a wonderful cast.
Aend itt jaezz e uánderful caest.
Y tiene un reparto maravilloso.

— Why don't you come with us?
Uai dont iu cam uiz as?
¿Por qué no vienes con nosotras?

Why? = ¿Por qué?
Because = Porque.

—I don't know if I have time.
Ai dont no iff ai jæv taim.
No sé si tengo tiempo.

When does it start?
Uen dazz itt start?
¿A qué hora empieza?

—At exactly eight.
Aet exaectli eit.
A las ocho en punto.

We have fifteen minutes to get there.
Uí haev fiftin minits tu guet zer.
Tenemos quince minutos para llegar.

—And do you know when it ends?
Aend du iu no uén itt ends?
Y ¿sabes cuándo termina?

—It ends a little after ten.
Itt ends e líttel áefter ten.
Termina un poco después de las diez.

—That's not very late.
Zaets nat veri leit.
Eso no es tarde.

—Then come with us.
Zen cam uiz as.
Entonces ven con nosotras.

—Fine! But let me invite you.
Fain! Bat laet mi invait iu.
¡Bueno! Pero permítanme invitarlas a ustedes.

Permiso
Let con el complemento directo, significa "permitir" o "dejar"

—You are very kind.
Iu ar veri caind.
Eres muy amable.

But that isn't necessary.
Bat zaet ízznt nésesari.
Pero eso no es necesario.

We are too many.
Ui ar túu meni.
Somos muchas.

Everyone pays for his own ticket.
Evri-uon pezz for jizz on tíket.
Cada uno paga su propia entrada.

We always do it that way.
Ui olueis du itt zæt uei.
Siempre lo hacemos así.

Una palabra en inglés = quince en castellano
El trozo que acaba de leer muestra lo sencillo que es el inglés, por lo menos en ciertos aspectos. La sola palabra *you*, por ejemplo, traduce: Ud., Uds., tú, vosotros, vosotras, (y vos), y también los complementos como: te, ti, y (refiriéndose a Ud. o a Uds.), le, lo, la, les, los, las, y os.

¡PÓNGASE A PRUEBA!

Traduzca las frases siguientes al inglés escribiéndolas en los espacios indicados. Cuente 10 puntos por cada contestación correcta.

1. Hay tres personas en la oficina. ____________________
2. ¿Qué están haciendo? ____________________
3. Están trabajando. ____________________
4. La película tiene un reparto maravilloso. ____________________
5. Es muy cómica. ____________________
6. ¿A qué hora empieza? ____________________
7. Ella está hablando por teléfono. ____________________
8. ¿Hay algo para comer? ____________________
9. Ahora no hay nadie en la oficina. ____________________
10. Ella le pregunta. Él le contesta. ____________________

RESULTADO: ________%

Contestaciones: 1. There are three people in the office. 2. What are they doing? 3. They are working. 4. The film has a wonderful cast. 5. It is very funny. 6. When does it start? 7. She is talking on the telephone. 8. Is there anything to eat? 9. Now there is nobody in the office. 10. She asks him. He answers her.

paso 6 CÓMO LEER, ESCRIBIR, Y PRONUNCIAR EL INGLÉS

This is the English alphabet
Zis izz zi ínglish álfabet.
Éste es el alfabeto inglés.

A	**B**	**C**	**D**	**E**	**F**	**G**
e	**bi**	**si**	**di**	**i**	**ef**	**d'chi**
H	**I**	**J**	**K**	**L**	**M**	**N**
eich	**ai**	**d'che**	**ke**	**el**	**em**	**en**
O	**P**	**Q**	**R**	**S**	**T**	**U**
o	**pi**	**kiu**	**ar**	**es**	**ti**	**iu**
V	**W**	**X**	**Y**	**Z**		
vi	**dábeliu**	**eks**	**uai**	**zzi**		

There are twenty-six letters in the English alphabet.
Zer ar tuenti-six léters inn zi ínglish álfabet.
Hay veintiséis letras en el alfabeto inglés.

La *j* y la *g*
Dos letras inglesas presentan cierta dificultad para los de habla española puesto que su sonido no tiene equivalente en castellano. Para pronunciarlas hay que combinar un ligero sonido de *d* con la *ch* como en la pronunciación figurada de la *g* en "refrídcherater" *(refrigerator)*, comprimiéndose así la "d" con la "ch" haciendo un solo sonido. Le aconsejamos también que pida a un amigo de habla inglesa que pronuncie claramente la *g* y la *j* y que copie la pronunciación que él hace.

The Spanish alphabet is longer; it has 28 letters.
Zi Spǽnish álfabet izz lónguer; itt jæzz tuénti-eit leters.
El alfabeto español es más largo; tiene veintiocho letras.

Spanish has two letters more than English.
Spaénish jaezz tu léters mor zaen Inglish.
El español tiene dos letras más que el inglés.

The English alphabet is shorter than the Spanish.
Zi Inglish álfabet izz shórter zaen zi Spáenish.
El alfabeto inglés es más corto que el español.

It has two letters less.
Itt jaezz tu léters less.
Tiene dos letras menos.

Which language is easier — English or Spanish?
Uich laengüed'ch izz izzier — Inglish or Spáenish?
¿Qué lengua es más fácil — el inglés o el español?

El comparativo de adjetivos
Para formar el comparativo se añade *-er* si la palabra es corta como *short* — corto, *shorter* — más corto; *long* — largo, *longer* — más largo. Pero si el adjetivo tiene varias sílabas, entonces se usa *more* (más) y *less* (menos).

Russian is more difficult than English.
El ruso es más difícil que el inglés.

English is less difficult than Chinese.
El inglés es menos difícil que el chino.

English is easy because its grammar is simple.
Ínglish izz íizzi bicozz itts graémar izz símpel.
El inglés es fácil porque su gramática es sencilla.

The grammar is more difficult in Spanish.
Zi gráemer izz mor díficalt inn Spaénish.
La gramática es más difícil en español.

But the English pronunciation is sometimes difficult.
Bat zi Inglish pronunsiéshon izz samtaims díficalt.
Pero la pronunciación inglesa a veces es difícil.

For example, how does one pronounce *enough, laugh, night, right, know?*
For exáempel, jau dozz uón pronáunss inaf, laef, nait, rait, no?
Por ejemplo, ¿cómo se pronuncian "bastante," "reír," "noche," "derecho" (o "correcto"), "saber?"

Letras mudas
Varias palabras inglesas contienen letras que no se oyen. Esto viene del hecho de que el inglés desciende en gran parte del sajón (o sea alemán) y conserva de las palabras originales letras que ya no se pronuncian.

Sonidos parecidos
Es preciso darse cuenta de la diferencia en el significado de palabras que tienen el mismo sonido, tales como:

right = derecho (o) correcto
write = escribir

know = saber	*sea* = mar
no = no	*see* = ver
do = hacer	*to* = a
due = debido	*two* = dos
dew = rocío	*too* = también

A telephone message:
E télefon mésedch:
Un recado por teléfono:

— Hello, is Mr. Woodward in?
Jeló, izz Míster Uúduard inn?
Hola, ¿está el señor Woodward?

In — Out
Estas preposiciones que significan "dentro" y "fuera," se emplean mucho en la conversación diaria para indicar la presencia o ausencia de personas.

— No. He's out.
No. Jizz aut.
No. No está.

Who is calling?
Ju izz cóling?
¿Quién llama?

— My name is Henry Wellington.
Mai neim izz Jenri Uélington.
Me llamo Henry Wellington.

— How do you spell your last name?
Jau du iu spel iuor læst neim?
¿Cómo se escribe su apellido?

— W - E - L - L - I - N - G - T - O - N.
Dábeliu, i, el, el, ai, en, d'chi, ti, o, en.

Please tell him that I'm at the Hotel Hilton.
Plíis tel jimm zæt aim æt zi Jotel Jílton.
Por favor, dígale que estoy en el Hotel Hilton.

Los pronombres siempre separados
En inglés los pronombres complementos se escriben aparte del verbo.

Tell me. = Dígame.
Write it. = Escríbalo.

Reading and writing English:
Ríding ænd ráiting Inglish:
Leyendo y escribiendo inglés:

Do you read much in English?
Du iu ríid mach inn Inglish?
¿Lee Ud. mucho en inglés?

Yes, I do.
Ies, ai du.
Sí, lo hago.

***Do* para énfasis**
A veces *do* se emplea para completar o dar énfasis a una contestación sin repetir el verbo.

Does he speak English? Yes, he does.
¿Habla él inglés? Sí (lo habla).

I read newspapers, magazines, and books.
Ai ríid niúspepers, mægazzíinzz, ænd buks.
Leo periódicos, revistas y libros.

Do you also write in English?
Du iu olso rait inn Inglish?
¿Escribe Ud. en inglés también?

Yes, I sometimes write letters to friends.
Ies, ai samtaims rait leters tu frends.
Sí, a veces escribo cartas a amigos.

Sending letters:
Sénding leters:
Enviando cartas:

Excuse me. Are there enough stamps on this letter?
Exquiúzz mi. Ar zer inaf stæmps an zis léter?
Perdón. ¿Hay suficientes estampillas en esta carta?

Post office clerk: No. For foreign mail
Post ofis clerc: No. For foren meil
Empleado de correo: No. Para el correo al extranjero

you need forty cents more.
iu níid forti sents mor.
necesita cuarenta centavos más.

And how much is it to send this package?
Aend jau mach izz itt tu send zis páekedch?
Y ¿cuánto es para mandar este paquete?

Regular mail or insured?
Régular meil or inshiurd?
¿Correo regular o asegurado?

Insure it for fifty dollars please. It's important.
Inshiúr itt for fifti dalers plíis. Its impórtant.
Asegúrelo por $50 por favor. Es importante.

CORRESPONDENCIA AL INSTANTE: CARTAS, TARJETAS POSTALES, SOLICITUD DE EMPLEO

Dear Kenneth:
Díer Kénez:
Querido Kenneth:

Thank you for the beautiful flowers.
Zaenk iu for zi biútiful fláuers.
Gracias por las bellas flores.

What a wonderful surprise!
Uat e uánderful serpraizz!
¡Qué sorpresa tan maravillosa!

Yellow roses are my favorite flowers.
Iélo rózzezz ar mai févoritt fláuers.
Las rosas amarillas son mis flores favoritas.

You are very kind.
Iu ar veri kaind.
Eres muy amable.

I hope to see you again soon.
Ai jop tu síi iu eguén súun.
Espero verlo de nuevo pronto.

Sincerely,
Sinsirli,
Sinceramente,

Catherine
Cázrin
Catarina

Una tarjeta postal:
Dear Mary:
Díer Meri:
Querida María:

Greetings from San Francisco.
Griitings fram San Francisco.
Saludos desde San Francisco.

It is a very beautiful city.
Itt izz e veri biútiful siti.
Es una ciudad hermosísima.

This card shows a view of the harbor and the bridge.
Zis card shozz e viú av zi járbor ænd zi bridch.
Esta tarjeta muestra una vista del puerto y del puente.

Wish you were here!
Uish iu uer jíer!
¡Ojalá estuvieras aquí!

Best regards, Andrew
Best rigards, Ændru
Mejores recuerdos, Andrés

Wish you were here!
Modismo que se emplea tal como está en gran parte de las tarjetas postales escritas en inglés.

Una solicitud de empleo:

Dear Sir:
Díer Sir:
Muy señor mío:

I am interested in a position with your company.
Ai æm ínterested inn e posishon uiz iur cámpani.
Estoy interesado en un puesto con su compañía.

Please find enclosed a résumé of my education and experience.
Pliis faind inclozz'd e rezzumé av mai ediuqueshon ænd expírienss.
Sírvase encontrar adjunto un resumen de mi educación y experiencia.

I speak English and Spanish fluently.
Ai spíik Inglish ænd Spaénish flúentli.
Hablo inglés y español corrientemente.

Is it possible to grant me a personal interview?
Izz itt pásibel tu grænt mi e pérsonal interviú?
¿Es posible concederme una entrevista personal?

I thank you in advance for your consideration.
Ai zaenk iu inn adváenss for iur cansidereshon.
Le agradezco de antemano su consideración.

Very truly yours,
Veri truli iurs,
De Ud. muy atentamente,

¡PÓNGASE A PRUEBA!

Escriba en cada raya la palabra inglesa correcta que falta. Cuente 10 puntos por cada contestación correcta.

1. The English alphabet has ________ letters than the Spanish one.
   (menos)

2. Spanish has two letters ______.
   (más)

3. Is there a telephone ________ for me?
   (recado)

4. He speaks, _____ and ________ English.
   (lee) (escribe)

5. Does this letter have _________ stamps?
   (bastante)

6. No, it doesn't. It needs ____________________.
   (cuarenta centavos más)

7. I hope to see you ________________.
   (de nuevo pronto)

8. I thank you _____________.
   (de antemano)

9. _________ from San Francisco.
   (Saludos)

10. I am interested _____________ with your company.
    (en un puesto)

RESULTADO: ________%

Contestaciones: 1. fewer 2. more 3. message 4. reads writes 5. enough 6. forty cents more. 7. again soon. 8. in advance. 9. Greetings 10. in a position

paso 7 GRADOS DE PARENTEZCO Y PROFESIONES

A family consists of:
E faémili consists av:
Una familia se compone de:

husband and wife
jásbend aend uaif
marido y mujer

parents and children
paerents aend children
padres e hijos

No confunda
parents = padres
relatives = parientes

father and mother
fázer aend mózer
padre y madre

son and daughter
san aend dóter
hijo e hija

brother and sister
brózer aend síster
hermano y hermana

grandparents and grand-children
gráendpaerents aend gráendchildren
abuelos y nietos

grandfather and grand-mother
gráendfázer aend gráendmózer
abuelo y abuela

grandson and grand-daughter
gráendsan aend gráendóter
nieto y nieta

Un prefijo de honor
Grand significa "grande" y también "noble".
(Título apropiado para los abuelos, ¿no?)

In a family there are also uncles, aunts, and cousins.
Inn e fámili zer ar olso ónquels, aents, aend cozzens.
En una familia también hay tíos, tías, y primos.

Cousin, gramaticalmente por lo menos, no tiene indicación de qué sexo es.

When a son or daughter gets married
Uen e san or dóter guets máerid
Al casarse un hijo o una hija

there are new relatives:
zer ar niu rélativs:
hay nuevos parientes:

father-in-law
fázer-inn-lor
suegro (o)
padre político

mother-in-law
mózer-inn-lor
suegra (o)
madre política

sister-in-law
sister-inn-lor
cuñada (o)
hermana política

brother-in-law
brózer-inn-lor
cuñado (o)
hermano político

To get — verbo utilísimo
To get es uno de los verbos más empleados en el inglés idiomático. Tiene varios significados que corresponden a "conseguir," "recibir," "obtener," "buscar," "comprar," "llegar a ser," y otros más.

Observe:
He gets a check every month.
Recibe un cheque cada mes.

Get me some coffee, please.
Tráigame café, por favor.

Where do I get stamps?
¿Dónde compro estampillas?

In winter it gets dark early.
En invierno oscurece temprano.

Otros modismos:

to get rich = enriquecerse
to get well = sanarse

to get sick = enfermarse
to get angry = enojarse
to get tired = cansarse

Note como *to get* figura en muchas expresiones que son reflexivas en español.

The parents of the bride or groom
Zi páerents av ze braid or grúum
Los padres de la novia o del novio

get a new daughter-in-law or son-in-law.
guet e niu dóter-inn-lor or san-inn-lor.
reciben una nueva nuera o un nuevo yerno.

In-law
Los grados de parentezco ocasionados por un matrimonio se expresan todos por el sufijo *-in-law* lo que equivale a ''según la ley''

In order to find out a person's profession we ask,
Inn órder tu faind aut e persons profeshon ui æsk,
Para enterarse de la profesión de una persona le preguntamos,

"What work do you do?"
Uat uerk du iu du?
¿En qué trabaja Ud.?

or "What is your profession?"
or "Uat izz iur profeshon?"
or ¿Cuál es su profesión?

Palabras que terminan en -ion
Además de *profession* hay varias otras palabras que terminan en *-ion* que son casi las mismas en inglés y en español. Hé aquí las palabras inglesas:

confusion	procession
exclusion	illusion
invasion	confession
profusion	version
obsession	television

Sin embargo, por mucho que se parezcan los substantivos españoles e ingleses, hay que notar que en inglés, por regla general, la acentuación cae en la penúltima sílaba de las palabras.

A business man works in an office
E bizzness mæn uercs inn æn ofis
Un hombre de negocios trabaja en una oficina

or he travels.
or ji trævels.
o viaja.

A = an
Por razones de eufonía la *a* se transforma en *an* cuando se emplea antes de una vocal y a veces antes de una *h* muda

Many workers work in factories.
Máeni uerkers uerk inn fáectoris.
Muchos obreros trabajan en fábricas.

Doctors and nurses treat sick people.
Dáctors ænd nerses triit sikk pípel.
Los médicos y las enfermeras cuidan a los enfermos.

Actors and actresses act in plays,
Aéctors ænd aéctreses æct inn pleizz,
Los actores y las actrices actúan en piezas,

in the movies, or on TV.
inn zi múvizz, or an ti vi.
en el cine, o en la TV.

Artists paint pictures or make sculptures.
Artists peint pictiurs or meik scalptiurs.
Los artistas pintan cuadros o hacen esculturas.

An author writes books.
Aen órzor raits buks.
Un autor escribe libros.

A musician plays the piano,
E miusíshen pleizz zi piano,
Un músico toca el piano,

violin, or other instrument.
vaiolínn or ózer ínstrument.
violín u otro instrumento.

To play = jugar (o) tocar
To play significa "jugar". Así es que *to play* se aplica a deportes (*to play tennis, golf, football,* etc.) tanto como a *to play music.*

A mechanic repairs machinery.
E mecǽnic ripǽrs mashíneri.
Un mecánico repara la maquinaria.

The mailman delivers the mail.
Zi melmæn dilívers zi meil.
El cartero entrega el correo.

Taxi drivers drive taxis.
Taxi draivers draiv taxis.
Los chóferes de taxi conducen taxis.

Firemen put out fires.
Fairmen put aut fairzz.
Los bomberos apagan los incendios.

The police direct traffic and arrest criminals.
Zi polís dairect trǽfic ænd arest críminels.
Los policías dirigen la circulación y arrestan a los criminales.

The police
En este caso "policía" se refiere a los agentes de policía y así es plural. A propósito — al hablar con un policía en los E.U. sería aconsejable llamarlo *officer* (oficial).

El *the* sobra a veces
Como Ud. habrá notado no es necesario repetir el *the* cuando se habla de los componentes de un grupo en general.

Los americanos viajan mucho.
Americans travel a lot.

CONVERSACIÓN AL INSTANTE: EN UNA FIESTA

—What a pleasant party!
Uat e plézzent parti!
¡Qué fiesta tan agradable!

—Yes, it is. The guests are very interesting.
Ies, itt izz. Zi guests ar veri ínteresting.
Sí, lo es. Los invitados son muy interesantes.

—Mrs. Kane has a great variety of friends.
Misses Kein jæs e greit varáiti av frends.
La señora Kane tiene una gran variedad de amistades.

Más palabras comunes
Muchas palabras que terminan en *-dad* cambian el sufijo a *-ty* en inglés. Algunas son:

variety	=	variedad
liberty	=	libertad
dignity	=	dignidad
possibility	=	posibilidad
probability	=	probabilidad
necessity	=	necesidad
quality	=	cualidad
prosperity	=	prosperidad
reality	=	realidad
ability	=	habilidad
capacity	=	capacidad

Como Ud. ve, su vocabulario inglés está avanzando *in great steps*—("a grandes pasos").

—In that group near the window
Inn zat grup níer zi uíndo
En aquel grupo cerca de la ventana

there is a lawyer, a politician,
zer izz e lóier, e palitíshan,
hay un abogado, un político,

an engineer, an architect,
æn endchinír, ænárquitect,
un ingeniero, un arquitecto.

a stockbroker, and a baseball player.
e stácbroker, ænd e béisbol pléier.
un corredor de bolsa, y un jugador de béisbol.

El sufijo -er
Añadiendo *-er* a un verbo suele designar (pero no siempre) el oficio de la persona que lo practica:

el verbo		*el practicante*
to drive	=	driver
to play	=	player
to buy	=	buyer
to travel	=	traveler
to speak	=	speaker
to work	=	worker
to write	=	writer
to read	=	reader
to dance	=	dancer

— It's quite a varied group.
Itts cuait e várid grup.
Es un grupo bastante variado.

What do you think they are discussing,
Uat du iu zinc ze ar discásing,
¿Qué cree Ud. que están discutiendo,

architecture, law, politics, the stock market. . . ?
árquitectur, lor, pálitics, zi stác márquet. . . ?
la arquitectura, el derecho, la política, la bolsa. . . ?

— Baseball, probably.
Béisbol, próbabli.
El béisbol, probablemente.

— Do you know who that young woman is?
Du iu no ju zat iong uomæn izz?
¿Sabe Ud. quién es aquella joven?

— Which one?
Uich uon?
¿Cuál?

— The one in the white dress.
Zi uon inn zi uait dress.
La del vestido blanco.

— She's a dancer with the National Ballet
Shizz e dǽnser wiz zi Nǽshunel Balé.
Es bailarina del Ballet Nacional.

Her name is Margo Fontana.
Jer neim izz Margó Fontana.
Se llama Margó Fontana.

She's attractive, isn't she?
Shizz atrǽctiv, izznt shi?
Es atractiva, ¿no?

— And who are the two men with her?
Æend ju ar zi tu men uiz jer?
Y, ¿quiénes son los dos señores con ella?

— The older one is a movie director,
Zi ólder uon izz e muvi diréctor,
el más de edad es director de cine,

and the younger one is an actor.
æend zi ionguer uon izz æen æector.
y el más joven es actor.

— But look who is coming in now.
Bat luk ju izz cáming inn náu.
Pero mire quién está entrando ahora.

To come in = to enter
Entrar se traduce por ambos de estos verbos. "To come in" es preferido en la conversación informal. Al llamar alguien a la puerta, suele decirse, "Come in!"

It's Herb Savin, the famous explorer.
Itts Jerb Sevin, zi feimas explorer.
Es Herb Savin, el famoso explorador

He's just back from an expedition to the Amazon jungle.
Jizz dchast bac fram æn expedíshon tu zi Amazon dchánguel.
Acaba de volver de una expedición a la jungla del Amazonas.

— Yes, I know. There's an article about him in today's paper.
Ies, ai no. Zerzz æn ártiquel abaut jim inn todeizz péiper.
Sí, lo sé. Hay un artículo sobre él en el periódico de hoy.

What an adventurous life!
Uat æn advéntiuras laif!
¡Qué vida de aventura!

— By the way, I know him.
Bai zi uei, ai no jim.
A propósito, lo conozco.

Let's go talk with him about his last trip.
Lets go tok uiz jim abaut jizz læst trip.
Vamos a hablar con él sobre su último viaje.

¡PÓNGASE A PRUEBA!

Combine las frases siguientes escribiendo el número al lado de la letra apropriada. Cuente 5 puntos por cada contestación correcta.

1. Bus drivers	_____ A. paint pictures.
2. Doctors	_____ B. put out fires.
3. A businessman	_____ C. plays the piano.
4. Artists	_____ D. arrests criminals.
5. An author	_____ E. repairs machinery.
6. A musician	_____ F. works in an office.
7. A mailman	_____ G. treats sick people.
8. Firemen	_____ H. writes books
9. A mechanic	_____ I. delivers the mail.
10. The police	_____ J. drive buses.

Traduzca al inglés las frases a continuación. Cuente 10 puntos por cada traducción correcta.

1. ¡Qué fiesta tan agradable!
2. ¿Cuál es su profesión?
3. ¿Qué están discutiendo ahora?
4. A propósito, lo conozco.
5. Vamos a hablar con él.

Primer ejercicio ______%

Segundo ejercicio ______%

RESULTADO: ____%

Contestaciones: 1J, 2G, 3F, 4A, 5H, 6C, 7I, 8B, 9E, 10D.
1. What a pleasant party! 2. What is your profession? 3. What are they discussing now? 4. By the way, I know him. 5. Let's go talk with him.

paso 8 DÍAS, MESES, FECHAS, ESTACIONES Y EL TIEMPO

The seven days of the week are
Zi seven deis av zi uic ar
Los siete días de la semana son

Monday, Tuesday, Wednesday, Thursday,
Mandei, Tiusdei, Uensdei, Zersdei,
lunes, martes, miércoles, jueves,

Friday, Saturday and Sunday.
Fraidei, Sáterdei ænd Sandei.
viernes, sábado y domingo.

Mayúscula o minúscula
Los días de la semana y los meses se escriben en inglés con mayúscula. También así se escriben las nacionalidades y los nombres de los idiomas.

The twelve months of the year are called
Zi tuelv manz av zi íier ar cold
Los doce meses del año se llaman

January, February, March, April,
Dcháenueri, Fébrueri, March, Épril
enero, febrero, marzo, abril,

May, June, July, August.
Mei, Dchun, Dchulái, Ogust,
mayo, junio, julio, agosto,

September, October, November, December
Septémber, Octóber, Novémber, Disémber
septiembre, octubre, noviembre, diciembre.

January is the first month of the year.
Dcháenueri izz zi ferst manz av zi íier.
Enero es el primer mes del año.

January 1st. is New Year's Day.
Dchaénueri ferst izz Niu Íiers Dei.
El primero de enero es el día de Año Nuevo.

We say to our friends: "Happy New Year!"
Ui sei tu aur frends: "Jaepi Niu Íier!"
Les decimos a nuestros amigos: "¡Feliz Año Nuevo!"

February is the second month.
Februeri izz zi sécond monz.
Febrero es el segundo mes.

March is the third,
March izz zi zird,
Marzo es el tercero,

April is the fourth,
Épril izz zi forz,
abril es el cuarto,

Los números ordinales
Empezando con cuarto *(fourth)* los números ordinales terminan in *th* excepto las combinaciones de *first, second,* y *third.* Las fechas, en su forma corta, se escriben 1st, 2nd, 3rd, 4th, etc. y 21st, 22nd, 23rd, 24th, etc.

and December is the last.
aend Disémber izz zi laest.
y diciembre es el último.

December 25th is Christmas Day.
Disémber tuenti-fifz izz Crismas Dei.
El 25 de diciembre es el día de Pascuas de Navidad.

We wish people "Merry Christmas!"
Ui uish pípel "Meri Crismas!"
A la gente le deseamos "¡Feliz Navidad!"

Anhelos especiales
Otros saludos que se emplean a menudo son:

Happy Easter = Felices Pascuas
Happy Birthday =Feliz cumpleaños
Happy Anniversary =Feliz aniversario.

and we give presents to children,
ænd ui guiv presents tu children,
y damos regalos a los niños,

to family members and to our friends.
tu fæmli members ænd tu aur frends.
a miembros de la familia y a nuestros amigos.

In the United States
Inn zi Iunáited Steits
En los Estados Unidos

July 4th is Independence Day.
Djulái forz izz Indipendens Dei.
el 4 de julio es el día de la Independencia.

Throughout the nation there are parades and fireworks.
Zruaut zi neshon zer ar paréids ænd faír-uerks.
Por toda la nación hay desfiles y fuegos artificiales.

Spring, summer, autumn and winter
Spring, sámer, ótum ænd uínter
La primavera, el verano, el otoño y el invierno

are the four seasons of the year.
ar zi for sizzons av zi ier.
son las cuatro estaciones del año.

In the northern part of North America
Inn zi norzern part av Norz America
En la parte norte de Norte América

it is very cold in winter.
itt izz veri cold inn uínter.
hace mucho frío en el invierno.

Cambios de tiempo
Para los cambios de tiempo más evidentes se usa el verbo *"to be"* donde el español usaría "hacer".

It is hot. = Hace calor.
It is cold. = Hace frío.
It is sunny. = Hace sol.
It is windy. = Hace viento.
It is foggy. = Hace neblina.

It rains a lot in April,
Itt reins e lat inn Epril,
Llueve mucho en abril,

and in May the flowers grow.
ænd inn Mei zi fláurs gro.
y en mayo crecen las flores.

In summer it is hot almost everywhere.
Inn sámer itt izz jat olmost évri-uer.
En el verano hace calor casi en todas partes.

In autumn the leaves change color
Inn ótum zi líivs cheindch cálor
En el otoño las hojas cambian de color

and then fall from the trees.
ænd zen fol fram zi tríis.
y entonces se caen de los árboles.

Cuestión de ortografía
Una de las principales diferencias de uso entre los Estados Unidos y la Comunidad Británica es que los ingleses escriben *color, labor, humor, valor, honor, favor* con una "u" en la segunda sílaba: colour, labour, etc.

Since the United States is such a big country
Sins zi Iunaited Steits izz sach e bigg cantri
Puesto que los Estados Unidos es un país tan grande

Singular o plural
Aunque se compone de muchos estados (50) los Estados Unidos se considera como una palabra y entidad singular.

there is a great variety in climate from place to place.
zer izz e greit varaíti inn cláimet fram pleis to pleis.
hay una gran variedad de clima de un lugar a otro.

Nowadays many Americans prefer to live
Náuedéis meni Americaens prifér tu livv
Hoy en día muchos americanos prefieren vivir

in the sunny climate of the South,
inn zi sáni claimet av zi Souz,
en el clima asoleado del sur,

in the dry Southwest or on the Pacific Coast.
inn zi drai sauz-uest or an zi Pasífic Cost.
en el seco sur-oeste o en la costa del Pacífico.

CONVERSACIÓN AL INSTANTE: COMENTANDO DEL TIEMPO

Everyone talks about the weather.
Evri-uon toks abaut zi uézer.
Todo el mundo habla sobre el tiempo.

In spring, when the sun is shining,
Inn spring, uen zi san izz sháining,
En la primavera, cuando brilla el sol,

and a pleasant breeze is blowing,
aend e plézzent bríizz izz blóing,
y una brisa placentera está soplando,

we say: "What a beautiful day!"
ui sei: "Uat e biútiful dei!"
decimos: ¡Qué día tan lindo!

And when the night is clear,
aend uen zi nait izz clíer,
Y cuando la noche está clara,

and we see the moon and the stars in the sky,
aend ui si zi mun aend zi stars inn zi skai,
y vemos la luna y las estrellas en el cielo,

we say "What a wonderful evening!"
ui sei "Uat e uónderful ívning!"
decimos ¡Qué noche tan maravillosa!

Evening and night
Hay que diferenciar entre "evening," la primera parte de la noche, y "night," que significa "noche" o sea el contrario de "día." *Ojo:* En una visita (después de las seis) se acostumbra decir "Good evening" al entrar y "Good night" al despedirse o cuando uno se retira para dormir.

In the middle of summer we often observe,
Inn zi mídel av sámer ui ófen observ,
A mediados del verano observamos a menudo,

"It's terribly hot, isn't it?"
"Its téribli jat, ízzent itt?"
—Hace un calor terrible, ¿no es verdad?

In autumn when it is beginning to get cold
Inn otum uen itt izz biguíning tu guet cold
En el otoño cuando se empieza a enfriar

we say, "It's rather cold today, don't you think so?
ui sei, "Its rázer cold todéi, dont iu zinc so?"
decimos, —Hace bastante frío hoy, ¿no cree Ud.?

In winter we watch television
Inn uínter ui uach télivishon
En el invierno miramos la televisión

and get weather reports like this:
æend guet uézer riports laic zis:
y recibimos boletines del tiempo como éste:

"The local forecast for tonight
Zi lócal forcæst for tunait
La predicción local para esta noche

indicates heavy snow throughout the Northeast.
ínndiqueits jevi sno zruáut zi Norzist.
indica una gran cantidad de nieve por todo el noreste.

Ice on the roads makes driving hazardous.
Ais an zi rods meiks draiving jázzardus.
Hielo en los caminos hace peligroso el conducir.

There are traffic tie-ups on the highways.
Zer ar tráfic tái-aps an zi jaiueis.
Hay bloqueos de tránsito en las carreteras.

The police are warning motorists
Zi polís ar uórning mótorists
La policía advierte a los motoristas

of the danger on the highways.
av zi déndchir an zi jaiueis.
del peligro en las carreteras.

Weather conditions and temperatures
Uézer condíshons æend témperatiurs
Las condiciones del tiempo y las temperaturas

for principal cities follow this report.
for príncipal sítis falo zis riport.
para las ciudades principales siguen este reporte.

In general, the weather is seasonable
Inn dchéneral, zi uézer izz sísonabel
Por lo general, el tiempo es de estación

for the rest of the country
for zi rest av zi cantri
para el resto del país

except for Florida
except for Fláuridda
excepto para Florida

where a tropical storm with high velocity winds
uer e trópical storm uiz jai velósiti uinds
donde una tormenta tropical con vientos de alta velocidad

is forming in the ocean near the east coast."
izz fórming inn zi oshan níer zi ist cost.
se está formando en el mar cerca de la costa este.

¡PÓNGASE A PRUEBA!

Escriba la palabra correcta en el sitio indicado. Cuenta 5 por cada contestación correcta.

1. Wednesday comes after ______________
2. Friday comes before ______________.
3. The first month of the year is ______________
4. The third month is ______________.
5. The last month of the year is ______________.
6. On Christmas Day we say, "______________________."
7. January 1st is ____________________________.
8. Spring, summer, autumn and ______________ are the four seasons.
9. In New York the winter is very __________.
10. In Florida the summer is very __________.

Traduzca al inglés las frases siguientes. Cuente 10 por cada contestación correcta.

11. En abril llueve mucho. ____
12. En América hay mucha variedad en el clima. ______________________
13. Todo el mundo habla sobre el tiempo. ___________________________
14. ¡Qué día tan lindo! ____
15. Vemos la luna en el cielo. ______________________________________

RESULTADO: ____%

Contestaciones: 1. Tuesday. 2. Saturday. 3. January. 4. March. 5. December. 6. Merry Christmas. 7. New Year's Day. 8. winter 9. cold. 10. hot. 11. In April it rains a lot. 12. In America there is much variety in the climate. 13. Everyone talks about the weather. 14. What a beautiful day! 15. We see the moon in the sky.

paso 9 VERBOS BASICOS, REPASO DE PRONOMBRES COMO COMPLEMENTOS, EL IMPERATIVO

We see with our eyes
Ui síi wiz ar ais.
Vemos con los ojos.

I see you.	You see me.
Ai síi iu.	**Iu síi mi.**
Le veo (a Ud.).	Ud. me ve.

I don't see Mrs. Black.
Ai dont síi Misses Blaek.
No veo a la Sra. Black.

Una construcción menos
La "a" personal no se usa en inglés

Do you see her?
Du iú síi jer?
¿La ve Ud.?

No, I don't. She is not here
No, ai dont. Shi izz nat jíer.
No, no (la veo). No está aquí.

El inglés es lacónico
Don't o *do not* sirven aquí como substituto negativo del verbo y del complemento. También se usan para una orden negativa.

Don't go! ¡No se vaya!
Don't do it! ¡No lo haga!

On television we watch movies, news, sports, etc.
An télevishon ui uach muvis, nius, sports, etc.
En la televisión miramos películas, noticias, deportes, etc.

What program are you watching now?
Uat prógram ar iu uáching náu?
¿Qué programa está mirando ahora?

I'm looking at a special program about the sea.
Aim lúking æt e spéshal prógram abaut zi síi.
Estoy mirando un programa especial sobre el mar.

Dos verbos por uno
To watch y *to look* equivalen ambos a "mirar". Note que cuando *look* tiene complemento hay que añadir *at* antes del complemento que sique.

When we look at television
Uen ui luk æt télevishon
Cuando miramos la televisión

or listen to the radio
or lisen tu zi redio
o escuchamos la radio

we hear music, news and advertising.
ui jíer miúsic, nius ænd ǽdvertaizzing.
oímos música, noticias y propaganda.

Propaganda
Esta palabra existe también en inglés pero tiene un sentido político, mientras que *advertising* corresponde al reclamo comercial.

We hear with our ears.
Ui jíer uiz ar íirs.
Oímos con los oídos.

Do you hear the telephone?
Du iú jíer zi télefon?
¿Oye el teléfono?

No, I don't hear it.
No, ai dont jíer itt.
No, no lo oigo.

Listen! What is that noise?
Lísen! Uat izz zat noizz?
¡Escuche! ¿Qué es aquel ruido?

It's a police siren in the street.
Itts e polís sairen inn zi striit.
Es una sirena de policía en la calle.

To listen — to hear
Oir *(to hear)* no usa la preposición *to* antes del complemento pero escuchar *(to listen),* si tiene complemento, es seguido por *to.*

I like to listen to music. = Me gusta escuchar música.

When I ask you your name
Uen ai æsk iú iur neim
Cuando yo le pregunto su nombre

you tell it to me.
iú tel itt tu mi.
Ud. me lo dice.

When someone tells you "Good morning'
Uen samuon tels iú "Gud mórning"
Cuando alguien le dice a Ud. "Buenos días"

you also say "Good morning" to him.
iú also sei "Gud mórning" tu jim.
Ud. también le dice "Buenos días" a él.

You answer him.
Iu ǽnser jim.
Ud. le contesta.

Se suprimen pronombres
En inglés no es necesario indicar "a Ud.," "a él," "a ellos, a nosotros, a mí" etc. puesto que el pronombre mismo indica qué persona inicia o recibe la acción. Cuando el sexo de la tercera persona no se sabe suele emplearse el masculino, como aquí.

In a restaurant we ask the waiter for the menu.
Inn e réstrant ui æsc zi wéiter for zi méniu.
En un restaurante le pedimos el menú al camarero.

He gives it to us.
Ji guivs itt tu as.
El nos lo da.

After the meal we ask him for the check.
Áefter zi míil uí æsk jim for zi chec.
Después de la comida le pedimos la cuenta.

He brings it to us and we pay it.
Ji brings itt tu as ænd ui pei itt.
Nos la trae y la pagamos.

He takes the money and gives it to the cashier.
Ji teics zi mani ænd guivs itt tu zi cashier.
El toma el dinero y se lo da al cajero.

Then he brings us the change.
Zen ji brings as zi chendch.
Entonces nos trae la vuelta.

Pronombres complementos directos e indirectos

Otra ventaja de la gramática inglesa es que los pronombres complementos directos e indirectos son iguales, o sea, *me, him, her, it, us, them,* y se colocan despúes del verbo. La unica diferencia entre los complementos está en el uso: los indirectos pueden usarse de dos maneras, o precedidos por *to* o sin *to.*

Se lo doy. = *I give him it.* (o) *I give it to him.*
¡Mándele un libro a ella! = *Send her a book!* (o) *Send a book to her!*
Les escribimos cartas. = *We send them letters.* (o) *We send letters to them.*
Dígame su nombre. = *Tell me your name.* (o) *Tell your name to me.*
(Pero no con "preguntar" ni "contestar.")
Le pregunto. = *I ask you.*
Me contesta. = *You answer me.*

A driver asks a pedestrian
E dráiver æsks e pedéstrian
Un conductor le pregunta a un peatón

"Is this the road to Miami?"
Izz zis zi rod tu Miami?
¿Es éste el camino para Miami?

The pedestrian answers him
Zi pedéstrian áensers jim
El peatón le contesta

"No, it isn't.
No, itt ízzent.
No, no es.

Go straight for two streets.
Go stret for tu striits.
Siga derecho dos calles.

Then turn left.
Zen tern left.
Luego doble a la izquierda.

Stay on that road up to the traffic light.
Stei an zaet rod ap tu zi tráefic lait.
Siga ese camino hasta el semáforo.

Then turn right.
Zen tern rait.
Entonces doble a la derecha.

That's the expressway for Miami.
Zats zi expresuei for Miami.
Esa es la autopista para Miami.

But be careful! There's a speed limit.
Bat bi cáerfal! Zerzz e spíid limit.
Pero ¡tenga cuidado! Hay un límite de velocidad.

The driver thanks him and follows his directions
Zi dráiver zaenks jim aend fálozz jizz dirécshans
El conductor le agradece y sigue sus direcciones

to the expressway.
tu zi expréss-uei.
a la autopista.

A motorcycle policeman sees him and follows him.
E mótorsaiquel polismaen sizz jimm aend fálozz jimm.
Un policía de motocicleta lo ve y lo sigue.

The driver doesn't see the policeman.
Zi dráiver dázzent síi zi palismæn.
El conductor no ve al policía.

But suddenly he hears the siren.
Bat sádenli ji jíers zi sairen.
Pero de repente oye la sirena.

The policeman stops him.
Zi palismæn staps jimm.
El policía lo para.

He says to him: "Are you in a big hurry?"
Ji seizz tu jimm: Ar iu inn e big jari?
Le dice — ¿Tiene mucha prisa?

Show me your license!
Sho mi iur laisens!
Imuéstreme su licencia!

Your registration too."
Iur redchistreshon tu.
Su patente también.

The driver gives them to him.
Zi dráiver guivs zem tu jimm.
El conductor se las da.

The policeman writes a ticket
Zi palísmæn raits e típuet
El policía escribe una citación

and gives it to the driver.
ænd guivs itt tu zi dráiver.
y se la da al conductor.

He also gives him back his papers.
Ji also guivs jimm bæc jizz peipers.
También le devuelve sus papeles.

Then he tells him, "Be careful in the future!"
Zen ji tels jimm, Bi cǽrfel inn zi fiútiur!
Luego le dice — ¡Tenga cuidado en el futuro!

Más idiotismos con to be
Otras expresiones que en español se expresan con "tener" se utilizan en inglés con *to be:*

to be careful	= tener cuidado
to be in a hurry	= tener prisa
to be lucky	= tener suerte
to be unlucky	= tener mala suerte
to be funny	= tener gracia
to be jealous	= tener celos
to be successful	= tener éxito

CONVERSACIÓN AL INSTANTE: DANDO ÓRDENES

A LADY:
E LEDI:
UNA SEÑORA:

Clara, please bring me coffee and some toast.
Clara, plis bring mi cofi æend sam tost.
Clara, tráigame, por favor, café y tostadas.

THE MAID:
ZI MEID:
LA CRIADA:

Here you are, ma'am.
Jíer iu ar, mæm.
Aquí tiene, señora.

—Thank you. Listen! There's someone at the door.
Zænc iu. Lisen! Zers samuon æt zi dor.
Gracias. ¡Oiga! Hay alguien en la puerta.

Go see who it is.
Go si ju itt izz.
Vaya a ver quién es.

—It's the boy from the market
Its zi boi fram zi márquet
Es el muchacho del mercado

with the food order.
uiz zi fúud órder.
con la orden de los comestibles.

—Good. Tell him to put it on the kitchen table
Gud. Tell jimm tu put itt an zi kichen téibel
Bueno. Dígale que la ponga sobre la mesa de la cocina

and to give the bill to you.
ænd tu guiv zi bil tu iu.
y que le dé la factura a Ud.

El infinitivo en vez del subjuntivo
El subjuntivo casi no existe en inglés. En construcciones como ésta, los infinitivos se usan con la segunda orden dada.

Dígale que venga. = *Tell him to come.*
Dígale que no lo haga. = *Tell her not to do it.*

Before he leaves give him this list for tomorrow.
Bifor ji líivzz guiv jimm zis list for tumaro.
Antes que salga déle esta lista para mañana.

—Certainly, ma'am.
Sértenli, mæm.
Ciertamente, señora.

—Now I have to go to the hairdresser
Náu, ai jæv tu go tu zi jérdresser
Ahora tengo que ir al peluquero

to have my hair done for tonight.
tu jæv mai jer don for tunait.
para que me haga el cabello para esta noche.

To have to
"Tener que" se traduce por *to have to* seguido por el segundo verbo.

Tengo que verlo. = *I have to see him.*

—If anyone calls please take the message,
If éni-uon cols plíis teic zi mésedch,
Si alguien llama sírvase tomar el recado,

and write it down.
ænd rait itt daun.
y apuntarlo.

To write down = Poner por escrito, apuntar

While I am out, vacuum the rugs,
Uail ai æm aut, vaécquium zi rags,
Mientras esté fuera, limpie las alfombras con la aspiradora,

clean the dining room,
clíen zi dáining rum,
limpie el comedor,

and set the table for dinner.
aend set si téibel for dínner.
y ponga la mesa para la cena.

— Is that all, ma'am?
Izz zaet ol, maem?
¿Es eso todo, señora?

— No. There is something else.
No. Zer izz sámzing els.
No. Hay algo más.

There are two dresses on my bed.
Zer ar tu dreses an mai bed.
Hay dos vestidos sobre mi cama.

Put them on the back seat of the car.
Put zem an zi baec síit av zi car.
Póngalos en el asiento trasero del auto.

Tell me, do you know where my keys are?
Tel mi, du iu no uer mai kíis ar?
Dígame, ¿sabe dónde están mis llaves?

— They are on the desk, beside your check book.
Zéi ar an zi desc, besaid iur chécbuc.
Están en el escritorio, al lado de su chequero.

— Oh, now the telephone is ringing.
O, nau zi télefon izz rínging.
Oh, ahora está sonando el teléfono.

Answer it, please.
Aenser itt, plíis.
Contéstelo, por favor.

Who is calling?
Ju izz cóling?
¿Quién llama?

— It's my friend Tom.
Its mai frend Tom.
Es mi amigo Tom.

He is inviting me to the movies tonight.
Ji izz inváiting mi tu zi muvis tunait.
Me invita al cine esta noche.

—But we have guests for dinner . . .
Bat ui jæv guests for dínner . . .
Pero tenemos invitados para la cena . . .

Well, all right. Serve the dinner first
Uel, al rait. Serv zi dínner ferst
Pues, está bien. Sirva la comida primero

and go to the movies later.
ænd go tu zi muvis léter.
y vaya al cine después.

¡PÓNGASE A PRUEBA!

Traduzca al español. Cuente 5 puntos por cada contestación correcta.

1. We see her. ______________________
2. Do you see me? ______________________
3. I hear him. ______________________
4. I don't see them. ______________________
5. He asks the waiter for the check. ______________________
6. He asks him for it. ______________________
7. He pays it. ______________________
8. Tell him to come. ______________________
9. Give him this list. ______________________
10. Answer the telephone please. ______________________

Traduzca al inglés. Cuente 10 puntos por cada contestación correcta.

11. Oímos música en la radio. ______________________
12. ¿Qué es aquel ruido? ¿La oye? ______________________
13. ¿Es ésta la autopista para Chicago? ______________________
14. Siga direcho dos calles. Doble a la derecha. ______________________
15. ¡Tenga ciudado! Hay un límite de velocidad. ______________________

RESULTADO:________%

Contestaciones: 1. La vemos. 2. ¿Me ve? 3. Lo oigo. 4. No los veo. 5. Le pide la cuenta al camarero. 6. Se la pide. 7. La paga. 8. Dígale que venga. 9. Déle esta lista. 10. Conteste el teléfono, por favor. 11. We hear music on the radio. 12. What is that noise? Do you hear it? 13. Is this the expressway for Chicago? 14. Go on for two streets. Turn right. 15. Be careful! There's a speed limit.

paso 10 USO DE VERBOS AUXILIARES REFERENTES A POSIBILIDAD, NECESIDAD Y DESEO

If we wish to eat at a restaurant,
Iff ui uish tu íit æt e réstrant,
Si queremos comer en un restaurante,

we must have money — or a credit card.
ui mast jæv mani — or e crédit card.
debemos tener dinero — o una tarjeta de crédito.

One cannot eat at a restaurant
Uon cǽnnat íit æt e réstrant
No se puede comer en un restaurante

Note: one = "se"
en construcciones impersonales

Es muy oscuro. No se puede ver.
It is very dark. One cannot see.

without paying the check.
uizaut péing zi chec.
sin pagar la cuenta.

If we want to go to the movies
Iff ui uant tu go tu zi muvis
Si queremos ir al cine

we must buy a ticket.
ui mast bai e tíquet.
debemos comprar un boleto.

Can — must
Estos verbos auxiliares se combinan con otros verbos sin usar el *to* del infinitivo y sin la *s* de la tercera persona.

He must go. = El debe ir.
She can come. = Ella puede venir.

En el caso de *wish* y *want,* el *to* del infinitivo se emplea y también la *s* de la tercera persona.

He wants to speak. = Él quiere hablar.

If you wish to travel on a bus
Iff iu uish tu trável an e bas
Si quiere viajar por autobús

or to take a subway
or tu teik e sabuei
o tomar el subterráneo (o metro)

you have to pay the fare.
iu jæv tu pei zi feir.
tiene que pagar el pasaje.

Deber y querer
deber = *must, to have to*
querer = *to want, to wish*

Pero ¡atención! Estas traducciones no tienen el significado en inglés de querer a una persona. En inglés esto se traduce por
to like (estimar) y *to love* (amar).

When we drive a car
Uen ui draiv e car
Cuando manejamos un auto

we should check the gas, oil, and water.
ui shud chec zi gæs, oil, ænd uáter.
deberíamos verificar la gasolina, el aceite, y el agua.

Should = debería
El condicional no se forma con el verbo mismo sino con un verbo auxiliar que precede al verbo que modifica. "Debería" con el verbo puede traducirse por *should,* o por *ought (to)* que im-

plican el sentido de obligación.
Ud. debería ver esa película.
You should see that film.
Él debería ver a un médico.
He ought to see a doctor.

A car can't run without these.
E car caent ran uizaut zíizz.
Un auto no puede funcionar sin éstos.

If you wish to make a long trip by car
Iff iu uish tu meik e long trip bai car
Si quiere hacer un viaje largo por auto

you should go to a gas station
iu shud go tu e gas steishon
debería ir a un estación de gasolina

to buy gas.
tu bai gaes.
para comprar gasolina.

At the gas station
A propósito de *gas station* o *service stations* note las expresiones importantes a continuación.

Fill it up! = Llénelo.
Check the oil. = Verifique el aceite.
Check the tires. = Verifique las llantas.
Check the battery. = Verifique la batería.
This is broken. = Esto está roto.
Can you fix it? = ¿Puede repararlo?

Two young women have a problem.
Tu iong uimen jæv e próblem.
Dos señoritas tienen un problema.

Their car has a flat tire.
Zeir car jæs e flæt tair.
Su auto tiene una llanta pinchada.

They can't change it themselves
Zei caent chendch itt zemselvzz
No la pueden cambiar ellas mismas

because they need a jack.
becozz zei níid e d'chac.
porque necesitan un gato.

A young man arrives in a sports car.
E iong mæn araivzz inn e sports car.
Llega un joven en un auto de deporte.

He asks them — May I help you?
Je æsks zem, — Mei ai jelp iu?
Les pregunta — ¿Puedo ayudarlas?

La cortesía
''Poder'' se traduce por *can* y también por *may*. Note que *may* es más cortés, implicando un pedido de permiso, mientras que *can* refiere básicamente a una posibilidad.

¿Puedo sentarme aquí = *May I sit here?*

— Yes, indeed! Could you lend us a jack?
Ies indíid! Cud iu lend as e d'chac?
¡Claro que sí! Podría prestarnos un gato?

— I could do even more, he says.
Ai cud du iven mor, ji seizz.
Podría hacer aun más, dice.

I can change the tire for you.
Ai cæn chendch zi tair for iu.
Puedo cambiar la llanta por Uds.

CONVERSACIÓN AL INSTANTE: VIAJANDO POR AVIÓN

A MAN:
E MÆN:
UN HOMBRE:

Do you have an early flight
Du iu jæv æn erli flait
¿Tiene un vuelo temprano

to New York tomorrow?
tu Niu Iork tumaro?
para Nueva York mañana?

AIRLINE CLERK:
ERLAIN CLERC:
EMPLEADO DE LA AEROLÍNEA:

Yes. Flight 121 is a direct flight.
Ies. Flait uon tuenti uon izz e direct flait.
Sí. El vuelo 121 es un vuelo directo.

It leaves at 9:50 A.M.
Itt líivs æt nain-fifti e em.
Sale a las 9:50 A.M.

and arrives at 12:15 P.M.
ænd arráivs æt tuelv-fiftín pi em.
y llega a las 12.15 de la tarde.

MAN:
That's too late.
Zæts tu leit.
Eso es demasiado tarde.

I have to be there before noon.
Ai jæv tu bi zer bifor nun.
Tengo que estar allí antes de mediodía.

Can't you put us on a flight
Cænt iu put as an e flait
¿No puede ponernos en un vuelo

that leaves earlier?
zæt líivs érlier?
que salga más temprano?

CLERK:
Well, you could take flight 906.
Uel, iu cud teic flait nain-o-six.
Pues bien, podría tomar el vuelo 906.

It leaves at 7:30 A.M.
Itt líivs æt seven-zirti e em.
Sale a las 7:30 de la mañana.

THE MAN'S WIFE:
ZI MÆNS UAIF:
LA ESPOSA DEL HOMBRE:

But dear, it takes an entire hour
Bat díer, itt teics æn entair auer
Pero querido, se toma una hora entera

to get to the airport.
tu guet tu zi érport.
para llegar al aeropuerto.

I don't want to get up so early.
Ai doant uant tu guet ap so erli.
No quiero levantarme tan temprano.

MAN:
I'm sorry, but I can't arrive late for the conference.
Aim sari, bat ai cænt araiv leit for zi cónference.
Lo siento, pero no puedo llegar tarde para la conferencia.

WIFE:
All right then, if you think
Ol rait zen, iff iu zink
Está bien pues, si tú piensas

it's so important.
itts so impórtant.
que es tan importante.

CLERK:

Do you wish to travel first class or tourist?
Du iu uish tu tráevel ferst claes or túrist?
¿Quieren viajar por primera clase o turista?

MAN:

What's the difference in the cost?
Uats zi díferens inn zi cast?
¿Cuál es la diferencia en el costo?

CLERK:

First class is $270.
Ferst claes izz tu jándred séventi dalers.
La primera clase es $270.

Tourist class costs $185
Túrist claes costs uon jándred eiti-faiv dalers
La clase turista cuesta $185

including tax.
inclúding taex.
incluyendo el impuesto.

MAN:

Give me two tickets tourist class.
Guiv mi tu tiquets túrist claes.
Déme dos pasajes de clase turista.

CLERK:

One way or round trip?
Uon uei or raund tripp?
¿Ida o ida y vuelta?

MAN:

Round trip. But leave the return open.
Raund tripp. Bat líiv zi ritérn open.
Ida y vuelta. Pero deje la vuelta abierta.

We may have to stay in New York for a week.
Ui mei jaev tu stei inn Niu Iork for e uik.
Puede ser que tengamos que pasar una semana en Nueva York.

May — might
May aquí significa posibilidad como "es posible que" o "puede ser que". El verbo que sigue

mantiene su forma básica sin cambiarse al modo subjuntivo, muy poco usado en inglés. *Might* también se podría emplear en este sentido, pero indica una posibilidad menos definitiva aún.

WIFE:

I hope so. While you are at your meetings
Ai jop so. Uail iu ar æt iur mitings
Espero que sí. Mientras estás en tus conferencias

I can go shopping.
ai cæn go shápping.
puedo ir de compras.

To go con el gerundio

Las construcciones siguientes son muy usadas y demuestran cómo el inglés favorece mucho el uso del gerundio.

to go swimming = ir a nadar
to go riding = ir a pasear
to go dancing = ir a bailar
to go skating = ir a patinar
to go walking = ir a dar un paseo a pie.

CLERK:

Please arrive at the airport
Plíis araiv æt zi érport
Sírvase llegar al aeropuerto

one hour before flight time.
uon auer bifor flait taim.
una hora antes de la hora de vuelo.

WIFE:

Why must we get there so early?
Uai mast ui guet zer so erli?
¿Por qué debemos llegar tan temprano?

CLERK:

It's necessary for passenger
Itts néseseri for pásendcher
Es necesario para el registro

and baggage check-in
aend baegadch chec-inn
de pasajeros y equipaje

and for passing through security control.
aend for páesing zru sikiúriti control.
y para pasar por el control de seguridad.

Have a nice trip!
Jaev e nais tripp!
¡Que tengan buen viaje!

Traveling by plane
Las frases siguientes suelen ser entre las más empleadas por los que viajan por avión.

Which is the gate for flight 121? = ¿Cuál es el portón para el vuelo 121?
When is the meal served? = ¿Cuándo se sirve la comida?
At what time do we arrive? = ¿A qué hora llegamos?
Where is the baggage delivered? = ¿Dónde se entrega el equipaje?
y, a veces,
Why is the plane delayed? = ¿Por qué se demora el avión?

¡PÓNGASE A PRUEBA!

Complete cada frase según las frases que acaba de estudiar en Paso 10. Cuente 10 puntos por cada contestación correcta.

1. If we want to go to the movies ______________________________.
2. If we wish to eat at a restaurant ______________________________.
3. We cannot eat at a restaurant ______________________________.
4. If you wish to travel on a bus ______________________________.
5. When we drive a car we should ______________________________.
6. A car cannot run without ______________________________.
7. You should go to a gas station ______________________________.
8. To change a flat tire ______________________________.
9. On a plane we can travel ______________________________.
10. At an airport we must ______________________________.

RESULTADO: ________%

Contestaciones: 1. we must buy a ticket. 2. we must have money — or a credit card. 3. without paying the check. 4. you have to pay the fare. 5. check the gas and oil. 6. gas and oil. 7. to buy gas. 8. you need a jack. 9. first class or tourist. 10. pass through security control.

paso 11 VERBOS REFLEXIVOS Y VERBOS CON PREPOSICIONES — EMPEZANDO EL DÍA

Suddenly the alarm clock rings.
Sádenli zi álarm clac ringzz.
De repente suena el despertador.

Mr. Wilson wakes up.
Míster Uilson ueiks ap.
El Sr. Wilson se despierta.

He shuts the alarm-clock off,
Je shats zi alarm-clac off,
Cierra el despertador,

and gets up out of bed.
ænd guets ap aut av bed.
y se levanta de la cama.

Preposiciones con verbos
Note cómo las preposiciones se emplean con verbos cortos para dar un sentido especial, basándose más o menos en la dirección de la preposición.

He washes, shaves,
Ji uashes, sheivs,
Se lava, se afeita,

cleans his teeth,
clíins jizz tíiz,
se limpia los dientes,

combs and brushes his hair,
cóoms æend brashes jizz jéir,
se peina y se cepilla el pelo,

and then gets dressed.
æend zen guets dresd.
y luego se viste.

A little later his wife gets up.
E lítel léter jizz uaif guets ap.
Un poco más tarde se levanta su esposa.

She starts to prepare breakfast.
Shí starts tu priper brékfast.
Empieza a preparar el desayuno.

The children get up and dress themselves.
Zi chíldren guet ap æend dress zemsélvs.
Los niños se levantan y se visten.

Then they all sit down at the table
Zen zei ol sitt daun æet zi tébel
Luego todos ellos se sientan a la mesa

to have breakfast.
tu jæv brékfast.
para desayunarse.

Cómo traducir el "se" reflexivo
El "se" reflexivo no tiene equivalente exacto en inglés. Los verbos que son reflexivos en español se expresan por:

1. El verbo solo.
   Se viste. = *He dresses himself.*
2. *Get* u otro verbo corto como *go* seguido por una preposición que también indica el sentido de la combinación como: *up* (arriba), *in* (en, dentro), *out* (fuera), *off* (lejos, fuera), *on* (sobre), y varios más.
3. Con ciertos verbos de aseo o acción hacia sí mismo, se usan pronombres propiamente reflexivos. Estos pronombres vienen después del verbo y terminan en *-self* o *-selves*, según el número de las personas.

myself = me
yourself = se, te
himself = se
herself = se
itself = se
ourselves = nos
yourselves = se
themselves = se

Se lavan. = *They wash themselves.*
Ella se mira en el espejo. = *She looks at herself in the mirror.*
Me afeito. = *I shave myself.*

After breakfast Mr. Wilson
Aefter brékfast Míster Uílson
Después del desayuno el Sr. Wilson

puts on his coat and hat,
puts an jizz cot aend jaet,
se pone el abrigo y el sombrero,

takes his briefcase,
teics jizz brífqueis,
toma su maletín,

kisses his wife,
kisses jizz uaif,
besa a su mujer,

and goes off to work.
aend gozz off tu uerk.
y sale a trabajar.

The children go off to school.
Zi children go off tu scúul.
Los niños salen para la escuela.

Mr. Wilson walks to the corner.
Míster Uilson uoks tu zi córner.
El Sr. Wilson camina hasta la esquina.

He gets on the bus.
Ji guets an zi bas.
Sube al autobús.

When the bus gets to his stop,
Uen zi bas guets tu jizz stap,
Cuando el autobús llega a su parada,

he gets off.
ji guets af.
él baja.

He goes into an office building,
Ji gozz intu æn ofis bílding,
Entra en un edificio de oficinas,

gets into an elevator,
guets intu æn élevetor,
entra en un ascensor,

and goes up to his office.
ænd gozz ap tu jizz ofis.
y sube a su oficina.

CONVERSACIÓN AL INSTANTE: EN CAMINO A UNA REUNIÓN DE NEGOCIOS

—Hurry up! We're going to be late for the meeting.
Jari ap! Uir góing tu bi leit for zi míting.
¡Apúrese! Vamos a llegar tarde a la reunión.

—Calm down! We still have time.
Cam daun! Ui stil jæv taim.
¡Cálmese! Todavía tenemos tiempo.

Let's see . . . What more do we need?
Lets sí . . . Uat mor du ui níid?
Vamos a ver . . . ¿Qué más necesitamos?

—Don't forget to bring the financial reports
Dont forguet tu bring zi fainǽnshal reports
No se olvide de traer los informes financieros

and the correspondence relating to the contract.
ænd zi corespondens riléting tu zi cántræct.
y la correspondencia relativa al contrato.

—There! Everything is ready!
Zeir! Évrizing izz redi!
¡Ya! Todo está listo.

—Where is the car?
Uer izz zi car?
¿Dónde está el auto?

—It's across the street, in the parking lot.
Its acrós zi stríit, inn zi párquing lat.
Está al otro lado de la calle, en el parqueo.

—Wait! The most important thing of all—
Ueit! Zi most impórtant zing av ol—
¡Espere! Lo maś importante de todo—

the contract! Where is it?
zi cóntract! Uer izz itt?
¡el cántrato! ¿Dónde está?

—Don't worry! I have it here.
Dont uori! Ai jæv itt jíer.
¡No se preocupe! Aquí lo tengo.

Look; I know you are excited and worried.
Luk; ai no iu ar exsáited ænd uórid.
Mire; sé que Ud. está agitado y preocupado.

But take it easy!
Bat teic itt isi!
Pero, ¡tómelo con calma!

And above all,
Ænd abov ol,
Y, sobre todo,

Don't get nervous during the meeting!
Dont guet nervos diúring zi míting!
¡No se ponga nervioso durante la reunión!

Everything is going to come out fine.
Évrizing izz góing tu cam aut fain.
Todo va a resolverse muy bien.

Una información linguística
El inglés tiene un vocabulario más grande que el de cualquier otro idioma. La razón principal por este gran número de palabras es el hecho que el inglés es una combinación de varios idiomas, principalmente del anglo-sajón y del francés, lengua latina como el español, que se sobrepuso al inglés como resultado de la conquista de Inglaterra (1066) por los franco-normandos.

Así resulta que el inglés tiene dos o más versiones de la mayoría de sus verbos más corrientes, la latina y la sajona. Nótese:

get = *obtain* (obtener)
get to = *arrive at* (llegar a)
get in = *enter* (entrar en)

go in, come in, get in = enter (entrar en)
look at = observe (observar)
understand = comprehend (comprender)
think about = consider (considerar).

El segundo verbo inglés de los arriba citados es comprensible al hispanoparlante puesto que vienen del latín.

En general, las versiones sajonas se emplean más a menudo en la conversación diaria (nótese las múltiples combinaciones de *go* y *get*). Es importante familiarizarse con estos verbos y las preposiciones que los acompañan para poder reconocer y comprenderlos al oírlos en la conversación rápida de todos los días.

¡PÓNGASE A PRUEBA!

Combine los verbos españoles con las construcciones equivalentes en inglés, escribiendo el número del infinitivo español en el lugar indicado. Cuente 5 puntos por cada contestación correcta.

1.	obtener	_____ to go in
2.	despertarse	_____ to get off
3.	levantarse	_____ to have breakfast
4.	entrar	_____ to shave
5.	subir a	_____ to get
6.	bajar (de)	_____ to wash
7.	ponerse	_____ to get on
8.	lavarse	_____ to get up
9.	afeitarse	_____ to wake up
10.	desayunarse	_____ to put on

Traduzca al inglés los imperativos siguientes. Cuente 10 puntos por cada contestación correcta.

11. ¡Apúrese! ______________________________

12. ¡Espere un minuto! ______________________________

13. ¡No se preocupe! ______________________________

14. ¡No se ponga nervioso! ______________________________

15. ¡No se olvide! ______________________________

RESULTADO: ________%

Contestaciones: 4, 6, 10, 9, 1, 8, 5, 3, 2, 7. 11. Hurry up! 12. Wait a minute! 13. Don't worry! 14. Don't get nervous! 15. Don't forget!

paso 12 PREFERENCIAS Y COMPARACIONES

It is a summer day on the beach
Itt izz e sámer dei an zi bíich.
Es un día de verano en la playa.

The sky is light blue
Zi scai izz lait blu
El cielo es azul claro

with white clouds.
uiz uait clauds.
con nubes blancas.

The sea is dark blue.
Zi síi izz darc blu.
El mar es azul oscuro.

Three girls are sitting on the sand.
Zrí guerls ar sítting an zi sænd.
Tres muchachas están sentadas en la arena.

They don't want to swim.
Zei dont uant tu suim.
No quieren nadar.

The water is cold and there are big waves.
Zi uáter izz cold ænd zer ar bigg ueivs.
El agua está fría y hay grandes olas.

But the sun is hot.
Bat zi san izz jat.
Pero el sol está caliente.

They prefer to get tanned in the sun.
Zei prifer tu guet tænd inn zi san.
Prefieren tostarse al sol.

One of them has a red and yellow bathing suit.
Uon av zem jæzz e red ænd ielo béizing siut.
Una de ellas tiene un traje de baño rojo y amarillo.

The suit of another is green.
Zi siut av anózer izz grin.
El traje de otra es verde.

The third one is wearing a black bikini.
Zi zird uon izz uering e blæc bikini.
La tercera lleva un bikini negro.

What color is it?
Aquí tiene para fácil alcance los colores principales:

blue = azul	*purple* = morado
red = rojo	*gray* = gris
yellow = amarillo	*brown* = pardo (castaño)
orange = anaranjado	
green = verde	*black* = negro
pink = rosado	*white* = blanco

Near the girls some boys are singing
Nier zi guerls sam boizz ar sínging
Cerca de las chicas unos muchachos están cantando

and one of them is playing a guitar.
ænd uon av zem izz pléing e guitar.
y uno de ellos está tocando una guitarra.

The girls are listening to the music.
Zi guerls ar lísening tu zi miúsic.
Las muchachas están escuchando la música.

The boys like to sing
Zi boizz laik tu sing
A los jóvenes les gusta cantar

and the girls are delighted to listen.
ænd zi guerls ar diláited tu lísen.
y a las muchachas les encanta escuchar.

A blond girl says to a dark haired one,
E bland guerl seizz tu e dark-jeird uon,
Una rubia le dice a una trigueña,

"They sing very well. Don't you think so?"
Zei sing veri eul. Dont iu zink so?
— Cantan muy bien. ¿No crees?

"I agree," replies the brunette.
Ai agrí, ripláis zi brunet.
— Estoy de acuerdo, contesta la trigueña.

"They all sing well, but the one on the left
Zei ol sing uel, bat zi uon an zi left
— Todos cantan bien, pero el de la izquierda

sings better than the others."
sings béter zæn zi azers.
canta mejor que los otros.

"You are wrong," says the third girl.
Iu ar rong, seizz zi zerd guerl.
— Te equivocas, dice la tercera muchacha.

"The one who is on the right
Zi uon ju izz an zi rait
El que está a la derecha

sings the best of all."
sings zi best av ol.
canta el mejor de todos.

Comparación de adverbios
Los adverbios se comparan usando los adverbios *more* y *most* de esta forma:
slowly — more slowly — most slowly
despacio — más despacio — el más despacio
Excepciones son:

well —	*better* —	*best*
bien	mejor	el mejor
badly —	*worse* —	*worst*
mal	peor	el peor
little —	*less* —	*least*
poco	menos	el menos

After a while the boys stop sínging.
Aéfter e uail zi boizz stap sínging.
Después de un rato los muchachos dejan de cantar.

One says to another,
Uon seis tu anózer,
Uno le dice a otro,

"Those girls are really pretty, aren't they?
Zozz guerls ar rili priti, arnt zei?
— Esas chicas son verdaderamente bonitas, ¿no?

Buscando asentimiento
Preguntas buscando acuerdo al final de una declaración como "¿no es así?" "¿no es verdad?" etc., suelen expresarse invirtiendo los verbos en el negativo, como *doesn't he? isn't she? isn't it? don't they? aren't they?* y otras combinaciones.

I think the brunette is the prettiest."
Ai zinc zi brunette izz zi prítiest.
Yo pienso que la trigueña es la más bonita.

"That's not true," says his friend.
Zæts nat tru, seizz jizz frend.
— Mentira, dice su amigo.

"The blond is prettier than she."
Zi bland izz príttier zen shi.
La rubia es más bonita que ella.

"You are both wrong," says the third.
Iu ar boz rong, seizz zi zird.
— Ambos están equivocados, dice el tercero.

"Anyone can see that the redhead
Eniuon cæn síi zæt zi rédjed
Cualquiera puede ver que la pelirroja

is the prettiest of all."
izz zi príttiest av ol.
es la más bonita de todas.

Comparación de adjetivos
Para obtener las formas comparativas de los adjetivos, se añaden los sufijos *-er* y *-est* respectivamente:
big, bigger, biggest
(grande, más grande, el más grande)

little, littler, littlest
(pequeño, más pequeño, el más pequeño)

Si el adjetivo tiene más de dos sílabas, la comparación se hace con *more* y *most:*
beautiful, more beautiful, most beautiful
(hermoso, más hermoso, el más hermoso)

Son irregulares:
good, better, best
(bueno, mejor, el mejor)
bad, worse, worst
(malo, peor, el peor)

CONVERSACIÓN AL INSTANTE: DE COMPRAS

A LADY (TO HER HUSBAND)
E LEDI (TU JER JÁSBAEND)
UNA SEÑORA (A SU ESPOSO)

We must buy some presents
Ui mast bai sam presents
Debemos comprar unos regalos

while we are in New York.
uail ui ar inn Niu Iork.
mientras estamos en Nueva York.

This looks like a nice store. Let's go in.
Zis luks laik e nais stor. Lets go inn.
Esto parece una buena tienda. Entremos.

El imperativo con "let"
Let se usa como imperativo para "nosotros":

Let's leave. = Salgamos.
Let's see. = Veamos.

Otros usos significan "permitir" o "dejar":

Let me think. = Déjeme pensar.
Let him in. = Déjele entrar.
Let me ask you. = Permítame que le pregunte.

AN EMPLOYEE:
AEN EMPLOYÍI:
UN EMPLEADO:

May I help you, madam?
Mei ai jelp iu máedem?
¿Puedo ayudarla, señora?

—Yes, indeed. Please show us some silk scarves.
Ies, indíid. Plíis sho as sam silk scarvs.
Cómo no. Muéstrenos unos pañuelos de seda.

—Here are two of our newest styles.
Jíer ar tu av aur niuest stails.
Aquí hay dos de nuestros estilos más nuevos.

They are both signed by the designer.
Zei ar boz saind bai zi desáiner.
Ambos están firmados por el diseñador.

Do you like them?
Du iu laik zem?
¿Le gustan?

La voz pasiva

Para formar el presente de la voz pasiva se usan las formas de *to be* con el participio pasivo del verbo que generalmente es el verbo básico más las terminaciones *-ed, -d, -n,* o *-t.*

The bank is closed. = El banco está cerrado.
It is said that . . . = Se dice que . . .
Can this watch be fixed? = ¿Se puede reparar este reloj?
English is spoken here. = Aquí se habla inglés.

—I prefer this one.
Ai prifer zis uon.
Prefiero éste.

The colors are more cheerful
Zi calers ar mor chíerfel
Los colores son más alegres

and the design is more interesting.
æend zi disain izz mor ínteresting.
y el diseño es más interesante.

How much is it?
Jau mach izz itt?
¿Cuánto vale?

— Forty-five dollars, madam.
Forti-faiv dalers, máedem.
Cuarenta y cinco dólares, señora.

— Really? That's rather expensive.
Ríli? Zaets rázer expénsiv.
¿De veras? Eso es bastante caro.

Perhaps you have something that costs a little less.
Perjáeps iu jaev sámzing sat casts e lítel less.
Tal vez tenga algo que cueste un poco menos.

— Yes, we have. But they are not pure silk.
Ies, ui jaev. Bat zei ar nat pure silk.
Sí, tenemos. Pero no son de seda pura.

How do you like these?
Jau du iu laik zíiz?
¿Qué tal le gustan éstas?

We have a wide selection in different colors.
Ui jaev e uaid selexshon inn díferent calors.
Tenemos una selección amplia de varios colores.

They are less expensive, only $29.95.
Zei ar less expénsiv, onli tuenti-nain nainti-faiv.
Son menos caros, sólo veinte y nueve, noventa y cinco.

— Good. Let's buy this violet one for Aunt Isabel.
Gud. Lets bai zis vaiolet uon for Aént Isabel.
Bueno. Vamos a comprar este violeta para tía Isabel.

— I agree. And what do you suggest for Mother?
Ai agrí. Aend uat du iu sadchest for mázer?
De acuerdo. Y, ¿qué sugieres para mamá?

— Look at this beautiful necklace, sir.
Luc aet zis biútifal necléss, ser.
Mire este hermoso collar, señor.

It costs only $75.
Itt casts onli séventi-faiv dálers.
Cuesta sólo $75.

— Should we buy it, dear?
Shud ui bai itt, díer?
¿Deberíamos comprarlo, querido?

— Why not? Here is my credit card.
Uai nat? Jíer izz mai crédit card.
¿Por qué no? Aquí tiene mi tarjeta de crédito.

By the way, I really should buy
Bai zi uei, ai rili shud bai
A propósito, debería realmente comprar

something for my secretary.
sámzing for mai sécretari.
algo para mi secretaria.

Those earrings over there . . . May I see them?
Zozz íirings óver zer . . . Mei ai síi zem?
Aquellos aretes . . . ¿Puedo verlos?

— Certainly, sir. They are made of pure gold.
Sértenli, ser. Zie ar meid av piur gold.
Seguramente, señor. Están hechos de oro puro.

— Alfred, for heavens sake!
Alfred, for jevens seik!
Alfredo, ¡por Dios!

We can't spend so much money
Ui cænt spend so mach máni
No podemos gastar tanto dinero

on a present for your secretary.
an e présent for iur sécretari.
en un regalo para tu secretaria.

In any case,
Inn eni queis,
En todo caso,

those earrings can't be worn in the office.
zoz íirings cænt bi uorn inn zi ofis.
Esos aretes no pueden llevarse en la oficina.

Why not get her a scarf?
Uai nat guet jer e scarf?
¿Por qué no comprarle un pañuelo?

Here is a pretty one.
Jíer izz e priti uon.
Aquí hay uno bonito.

It shows an illustrated street plan of Manhattan.
Itt shozz æn ílustreited striit plæn av Mænjætan.
Muestra un plano ilustrado de las calles de Manhattan.

It would be an attractive souvenir.
Itt uúd bi æn atræctiv suvenir.
Sería un recuerdo bonito.

HUSBAND:

Well . . . all right, then.
Uel . . . Ol rait, zen.
Bueno . . . Está bien, pues.

Can it be gift wrapped?
Cæn itt bi gift rapt?
¿Puede envolverse en papel de regalo?

EMPLOYEE:

Madam, don't you wish to look at the earrings?
Maédem, doant iu uish tu luk æt zi íirings?
Señora, ¿no quiere mirar los aretes?

Vocabulario
Nótese cómo el empleado dice *Madam* en lugar de *Ma'am* que también se usa. *Madam* se considera más elegante y así más indicado en tiendas como ésta. Otras expresiones de compras incluyen:

I'm just looking. = Estoy mirando solamente.
Please show me . . . = Muéstreme por favor . . .
— *that one* = ése
— *another color* = otro color
— *larger, smaller* = más grande, más pequeño
— *something cheaper* = algo más barato
— *Please send it* = Mándelo, por favor

—. . . *to my hotel* = . . . a mi hotel
. . . *to this address* = . . . a esta dirección
I'm going to take it with me. = Voy a llevármelo.
The receipt (ricít), please. = El recibo, por favor.

Nótese: El vocabulario ofrecido en las notas no lleva pronunciación figurada excepto con ciertas palabras difíciles. En estos casos, la clave está indicada entre paréntesis como aquí.

LADY:

Yes. They are beautiful — and very well made.
Ies. Zei ar biútiful — æend veri uel meid.
Sí. Son hermosos — y muy bien hechos.

But I suppose that they are very expensive.
Bat ai sapozz zæt zei ar veri expénsiv.
Pero supongo que son muy caros.

EMPLOYEE:

That's true, but they are of the best quality.
Zats tru, bat zei ar av zi best cúaliti.
Es verdad, pero son de la mejor calidad.

The price is $575.
Zi prais izz faiv jándred æend séventi-faiv dalers.
El precio es $575.

HUSBAND:

It doesn't matter. If you like them, I'm going to buy them.
Itt dozzent máter. If iu laik zem, aim going tu bai zem.
No importa. Si te gustan, voy a comprarlos.

El presente progresivo puede expresar el futuro
Aunque no sea el futuro propiamente gramatical (que encontrará en el paso 13) la idea de futuro puede expresarse con el presente progresivo.

I am going to lunch at one o'clock. =
Voy a almorzar a la una.
Next year I'm going to Europe. =
El año próximo voy a Europa.

Next year I'm taking a course in French. =
El año que viene, tomo un curso de francés.

LADY:

Oh, how nice you are!
O, jau nais iu ar!
Oh ¡qué gentil eres!

You are the best husband in the world.
Iu ar zi best jásbænd inn zi uerld.
Tú eres el mejor marido del mundo.

¡PÓNGASE A PRUEBA!

Traduzca al inglés. Cuente 5 puntos por cada traducción correcta.

1. Él canta mejor que los otros. ______________________
2. Él canta el mejor que todos. ______________________
3. Las muchachas no quieren nadar. ______________________
4. Prefieren tostarse al sol. ______________________
5. A los jóvenes les gusta cantar. ______________________
6. A las muchachas les encanta escuchar. ______________________
7. Pienso que la trigueña es la más bonita. ______________________
8. La rubia es más bonita que ella. ______________________
9. La pelirroja es la más bonita de todas. ______________________
10. El cielo es azul claro; el mar es azul oscuro. ______________________

Traduzca al español. Cuente 10 puntos por cada traducción correcta.

11. We must buy some presents. ______________________
12. Show us some silk scarves, please. ______________________
13. I prefer this one; the colors are more cheerful. ______________________
14. Look at this beautiful necklace. Do you like it? ______________________
15. You are the best husband in the world. ______________________

RESULTADO: ________%

Contestaciones: 1. He sings better than the others. 2. He sings the best of all. 3. The girls don't want to swim. 4. They prefer to get tanned in the sun. 5. The boys like to sing. 6. The girls are delighted to listen. 7. I think that the brunette is the prettiest. 8. The blond is prettier than she. 9. The redhead is the prettiest of all. 10. The sky is light blue; the sea is dark blue. 11. Debemos comprar algunos regalos. 12. Muéstrenos unos pañuelos de seda, por favor. 13. Prefiero éste; los colores son más alegres. 14. Mire este collar hermoso. ¿Le gusta? 15. Tú eres el mejor marido del mundo.

paso 13 CÓMO FORMAR EL TIEMPO FUTURO

The future tense is easy.
Zi fiútiur tens izz izi.
El tiempo futuro es fácil.

For the affirmative use *will* before the verb.
For zi afērmitiv iuzz *uil* bifor zi verb.
Para el afirmativo use *will* antes del verbo.

Tomorrow will be a holiday.
Tumaro uil bi e jólidei.
Mañana será día feriado.

We will go to the beach.
Ui uil go tu zi bíich.
Iremos a la playa.

If the weather is nice we will go swimming.
If zi uézer izz nais ui uil go suiming.
Si hace buen tiempo iremos a nadar.

For the negative use *will not.*
For zi négativ iuzz *uil nat.*
Para el negativo use *will not.*

If it rains we will not stay at the beach.
If itt reinzz ui uil nat stei æt zi bíich.
Si llueve no nos quedaremos en la playa.

We will return home and perhaps
Ui uil ritern jom ænd perjæps
Volveremos a casa y quizá

we will go to the movies.
ui uil go tu zi muvis.
vayamos al cine.

A young man and an old man
E iong mæn ænd æn old mæn
Un joven y un viejo

are discussing the future:
ar discásing zi fiútiur:
están discutiendo el futuro:

THE YOUNG MAN:

Will men someday live on the moon?
Uil men samdei liv an zi mun?
¿Vivirán los hombres algún día en la luna?

THE OLD MAN:

Of course they will.
Av cors zei uil.
Por supuesto que lo harán.

There will soon be bases there and,
Zer uil sun bi beses zer ænd,
Pronto habrá bases allí y,

without doubt, daily flight service.
wizaut daut, deili flait servis.
sin duda, un servicio diario de vuelos.

YOUNG MAN:

Do you think that men will reach
Du iu zinc zat men uil ríich
¿Piensa que los hombres alcanzarán

the planets also?
zi plænets olso?
también los planetas?

OLD MAN:

Certainly. Once on the moon future trips
Sértenli. Uans an zi mun fiútiur trips
Ciertamente. Una vez en la luna los viajes futuros

to outer space will be easier,
tu áuter speis uil bi ízzier,
al espacio exterior serán más fáciles,

and man will continue on to the planets.
ænd mæn uil continiu an tu zi plænets.
y el hombre continuará hasta los planetas.

But I think that the astronauts
Bat ai zink zæt zi ástronats
Pero pienso que los astronautas

will not get to the stars
uil nat guet tu zi stars
no llegarán a las estrellas

in the near future.
inn zi níer fiútiur.
en el futuro cercano.

Perhaps you young people will see it.
Perjæps iu iong pípel uil si itt.
Tal vez Uds. los jóvenes lo verán.

In conversation *will* is frequently shortened
Inn canverseshun *uil* izz frícuentli shórtend
En la conversación *will* se acorta frecuentemente

to *'ll* and *will not* becomes *won't.*
tu *'l* ænd *uil nat* bicáms *wont.*
a 'll y *will not* llega a ser *won't.*

I think I'll call the doctor
Ai zink ail col zi dáctor
Pienso que llamaré al médico

about the pain in my back.
abaut zi pein inn mai baéc.
acerca del dolor de mi espalda.

Hello, doctor's office?
Jeló, dactor's afis?
¡Hola, ¿La oficina del doctor?

This is Henry Davis.
Zis izz Jenri Devis.
Éste es Henry Davis.

Will the doctor be able to see me today?
Uil zi dáctor bi ébel tu si mi tudéi?
¿Podrá el doctor verme hoy?

He won't? What about tomorrow then?
Ji won't? Uat abaut tumaro zen?
¿No podrá? Entonces, ¿qué tal para mañana?

Oh, he's never there on Wednesday?
O, jizz néver zer on Uensdei?
O, ¿nunca se encuentra allí los miércoles?

Will Thursday be possible?
Uil Zersdei bi pásibel?
¿Será posible el jueves?

Very well. I'll come at 8:30.
Veri uel. Ail cam æt eit zirti.
Muy bien. Iré a las 8:30.

To come — to go
Aquí el que habla usa *to come* (venir) donde en español diríamos "ir" *(to go).* Esto depende del punto de ubicación de la persona que va o viene, y hay que admitir que el español aquí es más lógico. Por ejemplo, si uno le dice a otra persona "Venga", en inglés es más natural contestar *"I'm coming"* (vengo), y no *"I'm going"* (voy), como en español.

(To his wife) His assistant says
(Tu jizz uaif) Jizz asístent seizz
(A su esposa) Dice su asistente

he'll be busy on Thursday.
jiil bi bizzi an Zersdei.
que estará ocupado el jueves.

A veces se suprime *that*
En construcciones equivalentes a "dice que", "veo que", "pienso que", etc. es frecuente suprimir *that* en la conversación corriente.

I think she's nice. = Pienso (que) ella es simpática.

And he'll leave on Friday
Aend jiil liiv an Fraidei
Y saldrá el viernes

for his vacation.
for jizz vequeshun.
para sus vacaciones.

Singular o plural

inglés	*español*
vacation	vacaciones

If I want to see him
If ai uant tu síi jim
Si yo quiero verlo

I'll have to get there before 9.
Ail jæv tu guet zer bifor nain.
tendré que llegar allí antes de las nueve.

Will you please remind me about it?
Uil iu plíiz rimaind mi abaut itt?
Por favor, ¿quieres recordármelo?

Otro uso de *will*
Además de usarse como verbo auxiliar para la formación del futuro, *will* sirve también como una palabra de cortesía, siendo más cortés en peticiones, invitaciones u órdenes que *want* o *wish*, otros verbos que pueden traducirse por *querer*.

WIFE:

Don't worry. I won't forget.
Dont uori. Ai uont forguet.
No te preocupes. No lo olvidaré.

Where is there a doctor?
Al ver o ser visitado por un médico las frases siguientes serán útiles:

Tengo dolor de cabeza. = *I have a headache.*
Tengo dolor de garganta. = *I have a sore throat.*
Tengo dolor de estómago. = *I have a stomach-ache.*
Tengo vértigo. = *I'm dizzy.*
Me duele aquí. = *It hurts here.*

Quizá el doctor le dirá:

Debe guardar cama. = *You must stay in bed.*
Tome esto tres veces al día. = *Take this three times a day.*
Esto le ayudará. = *This will help you.*
Vuelva en dos días. = *Come back in two days.*

CONVERSACIÓN AL INSTANTE: PLANEANDO UN VIAJE A LOS EE.UU.

—You and Edward will go to the United States
Iu ænd Éduard uil go tu zi Iunáited Steits
Tú y Eduardo irán a los Estados Unidos

next month, won't you?
next manz, uont iu?
el mes próximo, ¿no es así?

—Yes, we will leave on June 5th
Ies, ui uil líiv an Dchun fifz
Sí, saldremos el cinco de junio

and won't come back until the end of August.
ænd uont cam bæc antil zi ænd av ógust.
y no regresaremos hasta el fin de agosto.

What is the date?
La fecha del mes se expresa con el mes seguido por el número ordinal del día — eso es *1st (first), 2nd (second), 3rd (third),* y los otros números con el sufijo - *th*.

Ejemplo: 1ro de enero = *January 1st.*
25 de diciembre = *December 25th.*

—That's the tourist season, isn't it?
Zæts zi túrist sizzan, ízzent itt?
Esa es la estación turística, ¿verdad?

I hope you won't have difficulty with reservations.
Ai jop iu uont jæv díficulti uiz reserveshons.
Espero que no tenga dificultades con las reservaciones.

—There won't be a problem. We already have them.
Zer uont bi e próblem. Ui olredi jæv zem.
No habrá problema. Ya las tenemos.

—Where will you go first?
Juer uil iu go ferst?
¿Adónde irán Uds. primero?

—We'll fly from London to the West Coast.
Uil flai from London tu zi uest cost.
Volaremos desde Londres hasta la Costa Oeste.

We'll change planes in New York.
Uil chéndch pleins inn Niu Iork.
Cambiaremos de avión en Nueva York.

We'll visit Los Angeles and San Francisco.
Uil vízzit Los Angeles aend San Francisco.
Visitaremos Los Ángeles y San Francisco.

After that Ed wants to go to Las Vegas.
Áefter zaet Ed uants tu go tu Las Vegas.
Después de eso Ed quiere ir a Las Vegas.

—I hope he wins at the casinos.
Ai jop ji uins aet zi casinos.
Ojalá que gane en los casinos.

—I hope so too. At least I hope he won't lose much.
Ai jop so tu. Aet líist ai jop ji uont luzz mach.
Lo espero también. Por lo menos espero que no pierda mucho.

Then we'll continue south to Florida.
Zen uil cantiniu souz tu Fláuridda.
Luego seguiremos al sur para Florida.

—Isn't Florida too hot in the summer?
Izzent Fláuridda túu jat inn zi sámer?
¿No hace demasiado calor en Florida en el verano?

Oh, no. There's air conditioning everywhere.
O, no. Zers er candíshoning évrijuer.
Oh, no. Hay acondicionamiento de aire en todas partes.

Besides, Ed will not leave the States
Bisáids, Ed uil nat líiv zi Steits
Además, Ed no quiere dejar los Estados

without visiting Disney World,
uizaut vízziting Disni Uerld,
sin visitar Disney World,

and I would like to see
aend ai uod laik tu si
y a mí me gustaría ver

the International Exhibition at Epcot.
zi Internáeshanal Exibíshon aet Épcat.
La Exposición Internacional en Epcot.

Then we'll travel north to New York.
Zen uil traevel norz tu Niu Iork.
Entonces viajaremos al norte hasta Nueva York.

There we'll see some plays
Zer uil síi sam pleis
Allí veremos algunas piezas de teatro

and I shall do my shopping.
aend ai shal du mai shåping.
y haré yo mis compras.

Will — shall

En otra época la función separada de *will* y *shall* (cuyas formas negativas abreviadas son *won't* y *shan't*) eran bien definidas para usarse en la formación del futuro, pero hoy día hay poca distinción puesto que ambos se contraen con *'ll* añadido al pronombre. Con el tiempo *will* ha llegado a ser el más usado de los dos y se puede usar en cualquier construcción verbal del futuro. El uso de *shall* para el futuro se limita, en la conversación, a la primera persona. *Shall*, con la primera y demás personas también, implica obligación, deber, o algo que tiene que pasar. Un ejemplo muy conocido en los EE.UU. es la declaración del General MacArthur al ser expulsado de las Islas Filipinas por los japoneses—*"I shall return"* (volveré) usando *shall* para sugerir la inevitabilidad de su proyecto.

— Will you visit New England?
Uil iu vízzit Niu Íngland?
¿Visitarán la Nueva Inglaterra?

— We won't have time on this trip.
Ui uont jaev taim an zis tripp.
No tendremos tiempo en este viaje.

Perhaps next year.
Perjǽps next íer.
Talvez el año próximo.

From New York we shall take
Fram Niu Iork ui shal teik
Desde Nueva York tomaremos

a direct flight back to London.
e direct flait bæc tu Lóndon.
un vuelo directo de vuelta para Londres.

¡PÓNGASE A PRUEBA!

Inserte el futuro del verbo en cada frase. Use el verbo cuyo infinitivo se encuentra entre paréntesis a la extrema izquierda. Cuente 5 puntos por cada contestación correcta.

1. (to be) Tomorrow ________ a holiday.
2. (to go) We ________ to the beach.
3. (to return) If it rains we ________ home.
4. (to call) I think I ________ the doctor.
5. (to go) On Saturday ________ to the movies. (Use "I" with contraction)
6. (to leave) Next week ________ on vacation. (Use "he" with contraction)
7. (to fly) ________ to the West Coast. (Use "we" with contraction)
8. (to see) We ________ some plays.
9. (to leave) Ed ________ the U.S. without seeing Las Vegas. (Use the negative)
10. (to be) Perhaps ________ there. (Use "you" with contraction)

Traduzca al inglés. Cuente 10 puntos por cada contestación correcta.

11. ¿Podrá el doctor verme hoy?
12. ¿Estará ocupado el jueves?
13. ¿Será posible el viernes?
14. ¿Es ésta la estación de turismo?
15. ¿Adónde irán Uds. primero?

Contestaciones: 1. will be 2. will go 3. will return 4. will call 5. I'll go 6. he'll leave 7. We'll fly 8. will see 9. will not leave 10. you'll be 11. Will the doctor be able to see me today? 12. Will he be busy on Thursday? 13. Will Friday be possible? 14. Is this the tourist season? 15. Where will you go first?

RESULTADO: ________%

paso 14 EN UN SUPERMERCADO

A lady goes into a supermarket.
E ledi gozz intu e súpermarquet.
Una señora entra en un supermercado.

First she goes to the meat section.
Ferst shi gozz tu zi míit secshon.
Primero va a la sección de carne.

There she buys a pound of ground beef,
Zer shi baizz e pound av ground bif,
Allí compra una libra de carne de res picada,

two packages of chicken breasts,
tu páequedches av chiquen brests,
dos paquetes de pechuga de pollo,

Which do you prefer?
Para preguntar la preferencia de uno en cuanto a la carne de pollo o sea "pierna o pechuga" se acostumbra usar la expresión *dark meat or light meat?*

and six pork chops.
aend six porc chaps.
y seis chuletas de puerco.

She says to the butcher,
Shi seizz tu zi búcher,
Le dice al carnicero,

—Can you pick out a good steak for me?
Caen iu pic aut e gud steik for mi?
¿Puede Ud. seleccionar un buen filete para mí?

—Of course, he replies,—you know
Av cors, ji riplaizz,—iu no
Desde luego, contesta,—Ud. sabe

that I always take care of my good customers.
zat ai ólueis teik cær av mai gud cástomers.
que yo siempre me encargo de mis buenos clientes.

Take care
to take care = tener cuidado
to take care of = encargarse de

She puts her purchases in a grocery cart
Shi puts jer pércheses in e gróseri cart
Pone sus compras en un carrito de comestibles

and goes to the fruit and vegetable section.
ænd gozz tu zi fruit ænd véchteibel secshon.
y va a la sección de frutas y verduras.

She buys oranges, lemons, grapes, bananas,
Shi bais árandches, lemans, greips, banáenas,
Compra naranjas, limones, uvas, plátanos,

tomatoes, onions, and two heads of lettuce.
tomatos, ónions, ænd tu jeds av letus.
tomates, cebollas y dos cabezas de lechuga.

Then she selects some frozen packages of
Zen shi selécts sam frozen páequedches av
Entonces selecciona unos paquetes congelados de

green beans, peas, and carrots
gríin bíins, píizz ænd carots
judías verdes, guisantes y zanahorias

and several frozen dinners too.
ænd sévral frozzen dinners tu.
y algunas comidas congeladas también.

She checks her list and says to herself,
Shi checs jer list ænd seizz tu jerself,
Repasa su lista y se dice para sí,

— Let's see . . . Is anything missing?
Let's si . . . Izz énizing míssing?
Vamos a ver . . . ¿Falta algo?

Oh, yes, I need some more things.
O ies, ai níid sam mor zings.
Ah sí, necesito unas cosas más.

She picks up from the shelves sugar, salt,
Shi pics ap fram zi shelvzz siúgar, salt,
Coge de los estantes azúcar, sal,

coffee, canned soup and cake mix.
cófi, cænnd sup ænd queik mics.
café, sopa de lata y mixtura para (cocinar) tortas.

At the dairy section she buys
Æt zi deri secshon shi bais
En la lechería compra

milk, butter, cheese and a dozen eggs.
milc, báter, chíiz ænd e dozen egs.
leche, mantequilla, queso y una docena de huevos.

Then she orders two pounds of shrimp
Zen shi orders tú paundzz av shrimp
Luego pide dos libras de camarones

at the fish market.
æt zi fish márquet.
en la pescadería.

She asks, — Are they fresh?
Shi æsks, — Ar zei fresh?
Pregunta, — ¿Son frescos?

The seller replies,
Zi séler riplaizz
El vendedor contesta,

— Of course, ma'am.
— Av cors, mæm.
— Claro que sí, señora.

All the fish and seafood
Ol zi fish ænd sífud
Todo el pescado y los mariscos

are delivered fresh every day.
ar delíverd fresh evri dei.
se entregan frescos cada día.

Before leaving the supermarket
Befor líving zi súpermarquet
Antes de salir del supermercado

she buys cans of soft drinks
shi bais cæns av soft drincs
compra latas de bebidas dulces

and a six-pack of beer for her husband.
ænd e six-pac av bir for jer jásbaend.
y un paquete de seis latas de cerveza para su marido.

Soft or hard
Soft que básicamente quiere decir "blando" o "tierno" aquí se usa para designar bebidas no alcohólicas. *Hard* (duro) se aplica más o menos apropiadamente a las bebidas alcohólicas, las que también se llaman *hard liquor.*

The lady pushes her cart to the check out counter.
Zi ledi pushes jer cart tu zi chec aut cáunter.
La señora empuja su carrito hasta el mostrador de pagos.

There the clerk marks the prices on the computer.
Zer zi clerc marcs zi praises an zi cómputer.
Allí el empleado marca los precios en la computadora.

When the lady sees the total cost
Uen zi ledi síis zi tótal cost
Al ver la dama el costo total

When = "al" con el infinitivo
Una construcción que frecuentemente se usa en español, "al" con el infinitivo del verbo, se expresa en inglés por *when* variando el verbo según la persona y el tiempo.

Ejemplo: Al visitar California quedará Ud. impresionado.
When you visit California you will be impressed.

she exclaims, — My goodness!
shi excléims, — Mai gudnes!
exclama, — ¡Dios mío!

Interjecciones
El inglés, en la conversación informal, no usa ni "Dios" ni "Jesús" en interjecciones. Sí se pueden emplear *Heavens!* ¡Cielos! *For heaven's sake!* ¡Por el cielo! pero se evitan las referen-

cias más directas a Dios en las exclamaciones. Al mismo tiempo se puede usar "¡Dios te bendiga!" — *God bless you!* u otra semejante expresion positiva. (N.B. El contrario de bendecir, *bless,* es maldecir, *damn,* palabra considerada un poco fuerte.)

Food is getting more expensive every week!
Fúud izz géting mor expénsiv evri uik!
¡La comida llega a ser más cara cada semana!

— But ma'am, replies the employee,
— Bat mæm, replaizz zi employi,
— Pero, señora, responde el empleado,

look at how much good food you have there!
luk æt jau mach gud fúud iu jæv zer!
mire cuántos buenos alimentos que tiene Ud. allí.

Palabras sin sexo indicado
Employee (empleado), *friend* (amigo), *owner* (dueño), *servant* (criado), *secretary* (secretario), y muchísimas otras palabras en inglés no indican el sexo. Así es que si uno le explica a su mujer que está cenando con un *friend,* no podría saber su señora, sin más amplia explicación, el sexo de la persona en cuestión.

CONVERSACIÓN AL INSTANTE: EN UN RESTAURANTE

HEAD WAITER:
JED UÉTER:
MAYORDOMO:

Good evening, sir.
Gud ívning, ser.
Buenas noches, caballero.

A table for two?
E téibel for tu?
¿Una mesa para dos?

Costumbres
"Head waiter" corresponde a mayordomo, o jefe de camareros. Al dirigir uno la palabra a un camarero se le dice "waiter" pero a una camarera se le dice "Miss".

Please follow me.
Plízz falo mí.
Síganme por favor.

Here is a good table.
Jíer izz e gud téibel.
Aquí hay una buena mesa.

WAITER:
Do you care for a cocktail?
Du iu quer for e cócteil?
¿Quieren Uds. un coctel?

MAN:
No, thank you.
No, zaenk iu.
No, gracias.

We'll have some wine later.
Uil jæv sam uain léter.
Tomaremos un poco de vino más tarde.

What is the special today?
Uat izz zi spéshal tudéi?
¿Cuál es el plato especial hoy?

WAITER:
The lamb chops are excellent
Zi lam chops ar ékselent.
Las chuletas de cordero son excelentes

and today we have broiled Maine lobster.
ænd tudéi ui jæv broild Mein labster.
y hoy tenemos langosta de Maine a la parrilla.

LADY:
I'd like the filet of sole.
Aid laik zi filé av sol.
A mí me gustaría el filete de lenguado.

MAN:
I believe I'll have the sirloin steak.
Ai biliiv ail jæv zi serloin steic.
Creo que tomaré el filete.

WAITER:
How do you like it sir?
Jau du iu laik itt ser?
¿Cómo le gusta cocinado señor?

Rare, medium, or well done?
Rer, mídium, or uel dan?
¿Poco cocido, término medio, o bien cocido?

MAN:
Medium, please.
Mídium, pliis.
Témino medio, por favor.

WAITER:
What dressing would you like on your salad?
Uat drésing uud iu laik an iur sálad?
¿Qué salsa quisiera en su ensalada?

MAN:

French dressing for my wife,
French drésing for mai uaif,
Salsa francesa para mi esposa,

Italian for me.
Italian for mi.
italiana para mí.

WAITER:

Will you have wine with the dinner?
Uil iu jæv uain uiz zi díner?
¿Tomarán vino con la comida?

MAN:

Yes, thank you. A glass of white wine
Ies, zænk iu. E glaes av uait uain
Sí, gracias. Una copa de vino blanco

with the fish,
uiz zi fish,
con el pescado,

and red wine with the steak.
ænd red uain uiz zi steik.
y vino tinto con el filete.

Fish = pez o pescado
En inglés existe una sola palabra para pez o pescado.

WAITER:

May I show you our dessert selection?
Mei ai sho iú aur disert silecshon?
¿Puedo mostrarles nuestra selección de postres?

MAN:

Fine. What do you wish, dear?
Fain. Uat du iu uish, díer?
Muy bien. ¿Qué quieres, querida?

LADY:

I'll have a chocolate eclair.
Ail jæv e cháclat ecler.
Tomaré un "éclair" de chocolate.

MAN:

And that cheesecake looks delicious to me.
Aend zaet chíis queik lucs dilishus tu mi.
Y esa torta de queso me parece sabrosa.

Also two coffees, please.
Also tu cófizz, plíis.
También dos cafés, por favor.

—May I have the check?
Mei ai jæv zi chec?
¿Puedo tener la cuenta?

—Right away, sir.
Rait e-uei, ser.
En seguida, señor.

—Is the service included?
Izz zi servis inclúded?
¿Está el servicio incluido?

—No, sir. It isn't included.
No, ser. Itt izzn't inclúded.
No, señor. No está incluido.

—Here you are.
Jíer iu ar.
Tenga.

—I'll be right back with your change.
Ail bi rait baec uiz iur chendch.
Regresaré en seguida con su cambio.

—Don't bother. Keep the change.
Dont bózer. Kíip zi chendch.
No se moleste. Guarde el cambio.

—Thank you! Do come back again.
Zaenk iu! Du cam baec agén.
¡Gracias! Vuelva otra vez.

—We shall. The food is excellent.
Uí shal. Zi fúud izz ékselent.
Lo haremos. La comida es excelente.

Otro uso de *do*.
Esta palabra versátil que forma preguntas y negaciones sirve también para intensificar una frase o suavizar una orden. En este caso se usa en vez de la palabra *please*, o además de ella (*Please do,* o *Please do come back.*)

¡PÓNGASE A PRUEBA!

Traduzca al inglés. Cuente 5 puntos por cada frase de traducción correcta.

1. Tres chuletas de puerco. ______________________________
2. Un buen filete. ______________________________
3. Un paquete de seis latas de cerveza. ______________________________
4. Dos paquetes de pechuga de pollo. ______________________________
5. Una libra de carne de res picada. ______________________________
6. Zanahorias, guisantes y judías verdes. ______________________________
7. Leche, queso, mantequilla y huevos. ______________________________
8. Plátanos, naranjas, uvas y limones. ______________________________
9. Cebollas, lechuga y tomates. ______________________________
10. Una copa de vino blanco. ______________________________

Escriba la letra de la correcta traducción en el espacio indicado a la derecha. Cuente 10 puntos por cada contestación correcta.

1. Do you care for a cocktail?	A. Puedo tener la cuenta? _____
2. What is the special today?	B. Una copa de vino blanco, por favor. _____
3. A glass of white wine, please.	C. ¿Está el servicio incluido? _____
4. May I have the check?	D. ¿Cuál es el plato especial hoy? _____
5. Is the service included?	E. ¿Quieren Uds. un coctel? _____

RESULTADO: ________%

Contestaciones: 1. Three pork chops. 2. A good steak. 3. A six-pack of beer. 4. Two packages of chicken breasts. 5. A pound of ground beef. 6. Carrots, peas and green beans. 7. Milk, cheese, butter and eggs. 8. Bananas, oranges, grapes and lemons. 9. Onions, lettuce and tomatoes. A glass of white wine. A-4, B-3, C-5, D-2, E-1.

paso 15 EL TIEMPO PASADO

The verb "to be" is the only verb that
Zi verb "tu bi" izz zi onli verb zaet
El verbo *to be* (ser, estar) es el único verbo que

has two forms in the past tense — "was" and "were".
jaezz tu forms inn zi paest tens — "was" aend "were".
tiene dos formas en el tiempo pasado — *was* y *were*.

Economía de formas de verbo
Was equivale al pasado de las formas para "yo," "él," "ella," "ello" y "Ud." y *were* para "nosotros," "Uds.," "ellos," "ellas." *Was* y *were* sirven igualmente para traducir "ser" o "estar". A propósito de las diferentes "personas" recuerde que *thou* (tú) ya no se usa en el inglés moderno.

All other verbs use one form only.
Ol ózer verbs iuzz uon form onli.
Todos los otros verbos emplean una sola forma.

Regular verbs form the past by adding the letters
Réguiular verbs form zi paest bai aeding zi léters
Los verbos regulares forman el pasado añadiendo las letras

-ed or *-d* as follows:
***-ed* or *-d* aezz fálos:**
-ed o *-d* como sigue:

Some examples:
Sam exaempels:
Algunos ejemplos:

— I called you last night
Ai cold iú laest nait,
Te llamé anoche,

but nobody answered.
bat nóbodi ǽenserd.
pero no contestó nadie.

Didn't you hear the phone,
Dídent iu jíer zi fon,
¿No oíste el teléfono,

or did I call too late?
or didd ai col tu leit?
o llamé demasiado tarde?

Interrogaciones y negaciones en el pasado
Nótese que una pregunta en el pasado suele formarse con *did*, el pasado de *do*. De igual modo *did not* o *didn't* se usa para el pasado negativo. En interrogaciones y negaciones el verbo básico conserva su forma normal tal como se ve en el infinitivo.

—Not at all.
Nat æt ol.
De ningún modo.

I was at the movies.
Ai uazz æt zi múvis.
Estaba en el cine.

I saw an excellent film
Ai sor æn éxselent film
Vi una película excelente

called "Invaders from Space."
cold "Invéders fram Speis."
llamada "Invasores desde el Espacio".

I didn't return home until late.
Ai dídent retern hom until leit.
No regresé hasta tarde.

Algunos ejemplos de verbos que usan *-ed* para formar el pasado.

—What happened to you yesterday?
Uat jǽpend tu iu iésterdei?
¿Qué le pasó ayer?

I looked for you on the morning train,
Ai lukd for iu an zi mórning tren,
Te busqué en el tren de la mañana,

but I didn't see you.
bat ai dídent si iu.
pero no te vi.

—I missed the train.
Ai mist zi tren.
Perdí el tren.

It happened because I wanted
Itt jǽpend bicozz ai uanted
Sucedió porque quería

to see the Morning Show on TV.
tu si zi mórning sho an TiVi.
ver el "Programa de la Mañana" en la T.V.

El pasado en inglés es también el imperfecto en español.
Para traducir una situación continua en una relación que tuvo lugar en el pasado, el tiempo pasado que aquí se presenta también sirve para traducir el imperfecto tal como se emplea en español.

But when I looked at my watch,
Bat uen ai lukd æt mai uach,
Pero cuando yo miré mi reloj,

I noticed it was after eight.
ai notisd itt uas ǽfter eit.
noté que eran después de las ocho.

I called a taxi,
Ai cald e tǽksi,
Llamé un taxi,

but even so it was not possible
bat iven so itt uazz nat pásibel
pero aun así no fue posible

to get to the office on time.
tu guet tu zi afis an taim.
llegar a la oficina a tiempo.

So I arrived after 9:30.
So ai aráivd æfter nain zerti.
Así llegué después de las nueve y media.

Did anyone notice that I came late?
Didd éni-uon nótis zaet ai queim leit?
¿Notó alguien que vine tarde?

—The boss noticed you were not here.
Zi boss nótisd iu uer nat jíer.
El jefe notó que no estabas aquí.

He asked where you were.
Ji askt juer iú uer.
Preguntó dónde estabas.

Verbos irregulares en el pasado
Varios verbos importantes cambian su ortografía al formar el tiempo pasado.

—When you went to school,
Uen iú uent tu scul,
Cuando iba a la escuela,

did you study English?
didd iu stádi Ínglish?
¿estudió el inglés?

—No. I chose French as a foreign language.
No. Ai chozz Frendch æs e faren længüedch.
No. Yo escogí el francés como lengua extranjera.

I took French for two years.
Ai tuk Frendch for tu íers.
Tomé francés por dos años.

So, when I came to the United States
So, uen ai queim tu zi Iunáited Steits
Así, cuando vine a los Estados Unidos

El pasado = el imperfecto
Note que *when I came* se traduce por "cuando vine" y "I spoke very little" por "hablaba muy poco". Son dos tiempos distintos en español pero uno solo en inglés. En cuanto a los tiempos de verbos, por lo menos, el inglés es relativamente fácil.

I spoke very little English.
Ai spok veri lítel ínglish.
Hablaba muy poco inglés.

I understood only a little
Ai anderstud onli e lítel
Comprendía sólo un poco

of what people said to me.
av uat pípel sed tu mi.
de lo que me decía la gente.

But then I bought a dictionary
Bat zen ai bot e díkshoneri
Pero entonces compré un diccionario

and went to night school.
aend uent tu nait scul.
y fui a una escuela nocturna.

I took courses in English,
Ai tuk corses inn ínglish,
Tomé cursos en inglés,

read the newspapers,
redd zi niúspepers,
leía los periódicos,

and saw programs on television.
aend sor programs an télevishun.
y veía programas en la televisión.

Soon I began to understand
Sun ai bigaen tu anderstaend
Pronto empezaba a comprender

what people said to me
uat pípel sed tu mi
lo que la gente me decía

and found that they could
aend faund zaet zei cud
y encontraba que ellos podían

understand me too.
anderstaend mi tu.
comprenderme a mí también

Los verbos irregulares en el pasado

Algunos de los verbos irregulares al cambiar su ortografía en el pasado en inglés, son difíciles de reconocer. Los más frecuentes son los que siguen.

verbo en español	*presente en inglés*	*pasado*
poder	can	could
traer	bring	brought
pensar	think	thought
comprar	buy	bought
obtener	get	got
llegar a ser	become	became
ver	see	saw
ir	go	went
venir	come	came
hacer	do	did
hacer	make	made
tener	have	had
volar	fly	flew
conducir	drive	drove
decir	say	said
escribir	write	wrote
tomar	take	took
beber	drink	drank
hablar	speak	spoke
comprender	understand	understood
comer	eat	ate
poner	put	put
leer	read	read
dejar	leave	left
permitir	let	let

Se notará que el pasado de *put, let* and *read* es igual que su forma presente, excepto que en el pasado *read* se pronuncia *redd.*

CONVERSACIÓN AL INSTANTE: EN UN AVIÓN

— Hello, Fred, welcome to San Francisco.
Jelo, Fred! Uélcom tu Sæn Frænsissko.
¡Hola, Fred! Bienvenido a San Francisco.

Nombres de origen español
A pesar de que un gran número de ciudades y lugares geográficos en los EAU tengan nombres españoles, a veces le resultará difícil reconocerlos cuando se dicen con acento americano. Hay que acostumbrarse. Además, la costumbre española e hispanoamericana de usar dos apellidos de familia no se usa en el mundo anglosajón. Sólo se acostumbra usar el patronímico.

How was your trip?
Jau uazz iur tripp?
¿Qué tal fue tu viaje?

— It was good and bad.
Itt uazz gud ænd baed.
Fue bueno y malo.

There was a delay on takeoff.
Zer uazz e diléi an téicof.
Hubo una demora al despegue.

Before we started
Bifor ui stárted
Antes de empezar

the flight attendant announced
zi flait aténdent ænaunst
la aeromoza anunció

that we had to wait for
zat ui jæd tu ueit for
que teníamos que esperar

the arrival of a connecting plane.
zi aráivel ov e conécting plein.
la llegada de un avión para la conexión.

After a half-hour wait
Áefter e jæf aur ueit
Después de una espera de media hora

we took off.
ui tuk off.
despegamos.

Then they served us cocktails
Zen zei servd as cócteils
Entonces nos sirvieron cocteles

and gave us a good lunch.
ænd gæv as e gud lanch.
y nos dieron un buen almuerzo.

I was seated next to
Ai uazz síted next tu
Yo estaba sentado al lado de

a very attractive girl.
e veri atráectiv guerl.
una joven muy atractiva.

— Did you talk to her?
Didd iu tok tu jer?
¿Le hablaste?

— Not at first
Nat æt ferst.
No al principio.

She was busy with her book.
Shi uazz bizzi uiz jer buk.
Ella estaba ocupada con su libro.

I read a magazine
Ai redd e mægazín
Yo leí una revista

and wrote some letters.
aend rot sam leters.
y escribí unas cartas.

Then, as we flew over the Mississippi River,
Zen, aes ui fliu over zi Misisipi River,
Luego, mientras volábamos sobre el río Mississippi,

she put her book down to look at the river
shi put jer buk daun tu luk aet zi river
puso su libro aparte para mirar el río

and I began to talk to her.
aend ai bigaen tu tok tu jer.
y empecé a hablar con ella.

I asked whether she lived in California
Ai aeskt uezer shi livd inn California
Le pregunté si vivía en California

and she said she did,
aend shi sed shi didd,
y dijo que sí,

but that she was originally from Massachusetts,
bat zaet shi uazz orídchinali from Masachúsets,
pero que era originalmente de Massachussetts,

where she went to college.
uer shi uent tu cáledch.
donde fue a la universidad.

Los términos college y university
Ambos se usan popularmente para designar "universidad".

It turned out that
Itt ternd aut zaet
Sucedió que

we had friends in common.
ui jaed frends inn camon.
teníamos amigos en común.

"To turn" con preposiciones
Turn significa básicamente "voltear," "girar," o

"virar." Combinándose con preposiciones da varios idiotismos:

turn off = apagar
turn on = encender
turn around = voltearse
turn in = entregar, acostarse
turn up = aparecerse
turn over = transferir, volcarse
turn out = suceder, resolverse

We continued our conversation
Ui contíniud aur converseshon
Continuamos nuestra conversación

as we flew over the Rocky Mountains.
æzz ui fliu over zi Raki Mauntins.
mientras volábamos sobre las Montañas Rocosas.

—So you became good friends?
So iu biqueim gud frends?
¿Así llegaron a ser buenos amigos?

—I thought so.
Ai zot so.
Así lo creía.

She gave me her telephone number
Shi gæv mi jer télefon námber
Me dio su número de teléfono

and told me to call her.
ænd told mi tu col jer.
y me dijo de llamarla.

She promised to show me
Shi prámist tu sho mi
Prometió mostrarme

interesting places in the city.
interesting pleises inn zi siti.
lugares de interés en la ciudad.

—I see you had a pleasant trip.
Ai si iu jæd e plézzent trip.
Veo que tuvo un viaje agradable.

—Yes. Up to that point
Ies. Ap tu zaet point.
Sí. Hasta ese punto.

When the plane landed
Uen zi plein laended
Al aterrizar el avión

we said good-bye.
ui sed gud-bái.
nos despedimos.

But when I looked for her number
Bat uen ai lukd for jer námber
Pero cuando busqué su número

I realized that I didn't have it.
ai rialaizzd zaet ai dídent jaev itt.
me di cuenta de que no lo tenía.

I went back to the plane.
Ai uent baec tu zi plein.
Volví al avión.

Preposiciones con *go* (pasado = *went*)
go back = volver
go away = irse
go on = seguir
go in = entrar
go out = salir
go up = subir
go down = bajar

But I couldn't find her card.
Bat ai cúdent faind jer card.
Pero no pude encontrar su tarjeta.

—Well, don't you remember her last name?
Uel, dont iu remémber jer laest neim?
Pues, ¿no te acuerdas de su apellido?

—No. I heard it only once.
No. Ai jerd itt onli uons.
No. Lo oí sólo una vez.

I forgot that too
Ai forgot zæt tu.
Me olvidé de eso también

— What bad luck!
Uat bæd lak!
¡Qué mala suerte!

¡PÓNGASE A PRUEBA!

Traduzca al inglés. Cuente 10 puntos por cada contestación correcta.

1. Te llamé anoche. ______________________________
2. ¿No oíste el teléfono? ______________________________
3. ¿Llamé demasiado tarde? ______________________________
4. Estaba en el cine. ______________________________
5. Vimos una película excelente. ______________________________
6. No regresé a casa hasta tarde. ______________________________
7. ¿Qué le pasó ayer? ______________________________
8. ¿Qué tal fue tu viaje? ______________________________
9. Ella me dijo de llamarla. ______________________________
10. Yo leí una revista; ella leyó un libro. ______________________________

RESULTADO: ________%

Contestaciones: 1. I called you last night. 2. Didn't you hear the phone? 3. Did I call too late? 4. I was at the movies. 5. We saw an excellent film. 6. I didn't return home until late. 7. What happened to you yesterday? 8. How was your trip? 9. She told me to call her. 10. I read a magazine; she read a book.

paso 16 LOS USOS DEL PARTICIPIO PASIVO

When walking through a city
Uen uóking zru e siti
Al caminar por una ciudad

we see different signs.
ui si díferent sains.
vemos varios carteles.

Some say
Sam sei
Algunos dicen

PARKING PROHIBITED
Párking projíbbited
Estacionamiento prohibido

CLOSED ON SUNDAYS
Clozzed an Sandeis
Cerrado los domingos

ENGLISH SPOKEN HERE
Ínglish spoken jíer
Aquí se habla inglés

ENGLISH SPOKEN
Aunque en español resulta más natural expresar la voz pasiva por "se" con el verbo, como "se habla inglés", "se prohibe estacionar", etc. el inglés prefiere el participio pasivo, o sea en inglés *the past participle,* empleado con formas del verbo *to be* (en el caso de *English spoken,* la palabra *is* queda sobreentida.

We also hear phrases like
Ui olso jíer freises laik
También oímos frases como

That one is already sold.
Zat uon izz olredi sold.
Ése está ya vendido.

This is broken.
Zis izz broken.
Esto está roto.

Is this seat taken?
Izz zis siit teiken?
¿Está ocupado este asiento?

Is smoking permitted?
Izz smóking permítted?
¿Está permitido fumar?

These words are the
Ziizz uords ar zi
Estas palabras son

past participles of the verbs
pæst pártisipels av zi verbs
los participios pasivos de los verbos

to prohibit, to close, to speak,
tu projíbit, tu clozz, tu spíik,
prohibir, cerrar, hablar,

to sell, to break, to take, to permit.
tu sel, tu breik, tu teik, tu permitt.
vender, romper, tomar, permitir.

The past participle is used
Zi pæst pártisipel izz iuzzd
El participio pasivo se usa

to form the passive:
tu form zi paésiv:
para formar la voz pasiva:

The Washington White House is used
Zi Wáshington Uait Jaus izz iuzzd
La Casa Blanca de Washington se usa

as the residence of American presidents.
azz zi résidens av Américan prézzidents.
como la residencia de los presidentes norteamericanos.

Americano y norteamericano
Es costumbre en los países sajones usar *American* para designar a los estadunidenses aunque sería más lógico, como se acostumbra en español, aplicar este término a todos los habitantes de las dos Américas. Para los estadunidenses, sin embargo, *America* significa sólo la América del Norte.

Nota sobre la posición de adjetivos
Los adjetivos que sean dos, tres, o más preceden a la palabra que describen. En el caso de arriba también se podría decir *the White House in Washington.*

Construction was begun in 1792
Constrúkshon uazz bigǽn inn seventín-nainti-tu
La construcción se empezó en 1792

and it was finished in 1800.
ænd itt uazz finisht inn eitín-jándred.
y se terminó en 1800.

In 1814 the city of Washington
Inn eitín fortín zi siti av Wáshington
En 1814 la ciudad de Washington

was captured by the British
uazz cǽptiurd bai zi Bríttish
fue capturada por los británicos

and the White House was burned
ænd zi Uait Jaus uazz bernd.
y la Casa Blanca fue quemada.

Only a few paintings were saved
Onli e fiu péintings uer seived
Sólo unos cuadros fueron salvados

by the President's wife.
bai zi prézzidents uaif.
por la esposa del presidente.

El posesivo
Se puede expresar el posesivo de un substantivo por *'s* o *of. The president's wife* o *the wife of the president* son ambos correctos.

After the war, the building was repaired
Aéfter zi uar, zi bílding uas riperd
Después de la guerra, el edificio fue reparado

and painted white once more.
aend péinted uait uons mor.
y se pintó otra vez de blanco.

The past participle is used
Zi paest pártisipel izz iuzzd
El participio pasivo se usa

for compound tenses.
for campaund tenses.
para los tiempos compuestos.

Here is the perfect tense of "to be":
Jíer izz zi perfect tens av *to be:*
He aquí el tiempo perfecto de ser (o estar):

—Have you been in California before?
Jaev iu bin inn California bifor?
¿Ha estado Ud. antes en California?

—I have been here
Ai jaev bin jíer
Yo he estado aquí

but my wife hasn't.
bat mai uaif jáezzent.
pero mi esposa no ha estado.

We have always been anxious to come.
Ui jaev olueis bin áenkshus tu cam.
Siempre hemos estado ansiosos de venir.

We have been waiting a long time
Ui jaev bin uéiting e long taim
Hemos estado esperando mucho tiempo

to make this trip.
tu meic zis tripp.
por hacer este viaje.

The perfect tense = El pretérito perfecto
El pretérito perfecto se forma con *to have* combinado con el participio pasivo del verbo. Su empleo corresponde al uso del pretérito perfecto en español. Todos los verbos que forman su pretérito en *-d, -ed,* o *-ied* llevan estas mismas terminaciones en el perfect tense en inglés. Muchos de los verbos irregulares, sin embargo, tienen otra forma todavía que debería aprenderse de memoria.

The following examples
Zi fáloing exáempels
Los ejemplos siguientes

are often employed in traveling.
ar often emploid inn tráeveling.
se emplean a menudo al viajar.

Have you packed the bags?
Jaev iu paekt zi baegs?
¿Has hecho las maletas?

Has the taxi come?
Jaezz zi táeksi cam?
¿Ha venido el taxi?

Have you brought the camera?
Jaev iu brot zi cáemera?
¿Has traído la cámara?

What has happened?
Uat jaezz jáepend?
¿Qué ha sucedido?

Why have we stopped?
Uai jaev ui stapt?
¿Por qué nos hemos detenido?

Have our bags arrived?
Jaev aur baegs araivd?
¿Han llegado nuestras maletas?

I have lost a black suitcase.
I jaev lost e blaek suitqueis.
He perdido una maleta negra.

I think someone has taken my coat.
Ai zink samuan jaezz téiquen mai cot.
Creo que alguien ha tomado mi abrigo.

Have we arrived in Philadelphia?
Jæv ui aráivd inn Filadélfia?
¿Hemos llegado a Philadelphia?

Has the 8:15 train left for Baltimore?
Jæzz zi eit fiftín tren left for Bóltimor?
¿Ha salido el tren de las 8:15 para Baltimore?

Aquí hay una tabla de los más importantes verbos irregulares en sus formas del infinitivo, del pasado, y del participio pasivo.

Infinitivo	*Past*	*Past participle*
to be (ser o estar) am, is, are	was,were	been
bring (traer)	brought	brought
catch (coger)	caught	caught
come (venir)	came	come
cut (cortar)	cut	cut
dig (cavar)	dug	dug
do (hacer)	did	done
draw (dibujar)	drew	drawn
drink (beber)	drank	drunk
drive (guiar)	drove	driven
fall (caer)	fell	fallen
find (encontrar)	found	found
fly (volar)	flew	flown
get (conseguir)	got	got
give (dar)	gave	given
go (ir)	went	gone
have (tener)	had	had
keep (guardar)	kept	kept
know (saber, conocer)	knew	known
leave (dejar, salir)	left	left
meet (encontrar)	met	met
pay (pagar)	paid	paid
put (poner)	put	put
read (leer)	read	read

Infinitivo	*Past*	*Past participle*
ride (pasearse)	rode	ridden
ring (sonar)	rang	rung
run (correr)	ran	run
see (ver)	saw	seen
sell (vender)	sold	sold
send (enviar)	sent	sent
sink (hundirse)	sank	sunk
sit (sentarse)	sat	sat
take (tomar)	took	taken

CONVERSACIÓN AL INSTANTE: EN UNA OFICINA

AN OFFICE WORKER:
AEN OFIS UÉRKER:
UN OFICINISTA:

We have been able to rest a bit
Ui jæv bin ébel tu rest e bit
Hemos podido descansar un rato

while the boss has been on his trip,
uail zi bas jæzz bin an jizz tripp,
mientras el jefe ha estado de viaje,

haven't we?
jǽvent ui?
¿no es así?

Pidiendo confirmación
El repetir el verbo auxiliar frecuentemente se usa para dar énfasis, confirmación, o negación de lo dicho y también para contestar una pregunta sin repetir el verbo.

Do you speak English? Yes, I do.
¿Habla inglés? Sí, lo hablo.
Is it raining? Yes, It is.
¿Llueve? Sí, llueve.

SECRETARY:
SÉCRITARI:
SECRETARIA:

Yes, but be careful.
Ies, bat bi cǽrful.
Sí, pero tenga cuidado.

He has just come in.
Ji jæzz dchast cam inn.
El acaba de entrar.

Welcome back, Mr. Harrison!
Uelcam baec, Míster Jáerison!
¡Bienvenido, Sr. Harrison!

We have missed you!
Ui jaev misst iu!
¡Lo hemos extrañado!

OFFICE MANAGER:
AFIS MÁENEDCHER:
EL JEFE:

Have you? It's good to be back.
Jaev iu? Itss gud tu bi baec.
¿Es verdad? Es bueno estar de vuelta.

What has happened during my absence?
Uat jaezz jáepend diúring mai absens?
¿Qué ha pasado durante mi ausencia?

— Business has gone well.
Bizzness jaezz gan uel.
El negocio ha marchado bien.

This week the salesmen have sold
Zis uík zi seilzzmaen jaev sold
Esta semana los vendedores han vendido

two trucks, seven station wagons,
tu traks, seven stéshun uáegens,
dos camiones, siete camionetas,

and fourteen of our new model cars.
aend fortín av aur niu módel carzz.
y catorce de nuestros nuevos modelos de automóviles.

We have already passed
Ui jaev olredi paest
Ya hemos pasado

the sales total of last month.
zi seilzz tótal av laest manz.
el total de ventas del mes pasado.

— That's really good news!
Zaets rili gud nius!
¡Vaya una buena noticia!

Have you sent out
Jæv iu sent aut
¿Ha despachado Ud.

the bills for the sales?
zi bilz for zi seils?
las facturas para las ventas?

—Certainly. Everything is in order.
Sértenli. Everízing izz inn órder.
¿Cómo no? Todo está en orden.

And each day I have deposited
Aend íich dai ai jæv dipósited
Y cada día he depositado

all the checks and cash in the bank.
ol zi cheks aend cæsh inn zi baenk.
todos los cheques y efectivo en el banco.

—Well, I can see you have kept busy.
Uel, ai cæn si iu jæv kept bizzi.
Bueno, puedo ver que Ud. se ha mantenido ocupada.

—Yes, indeed. I haven't left the office
Ies, indíid. Ai jævent left zi áfis
Claro que sí. No he dejado la oficina

until six or seven all week.
ontil six or séven ol uik.
hasta las seis o las siete durante toda la semana.

—Hasn't Miss Prescott helped you?
Jæsent Miss Préscot jelpt iu?
¿No la ha ayudado la Srta. Prescott?

—Not much. She hasn't come in
Nat mach. Shi jæsent cam inn
No mucho. No ha venido

for the last three days.
for zi laest zri deizz.
durante los últimos tres días.

Her mother phoned to say that
Jer mózer fond tu sei zaet
Su madre llamó para decir que

she was sick.
shi uazz sikk.
ella estaba enferma.

Americano o inglés
Hay ciertas diferencias de vocabulario y de ortografía entre el inglés de los EUA y el de Inglaterra. En esta lección se puede notar:
"Enfermo" se dice *sick* en América y *ill* en Inglaterra.
"Camión" es *truck* en los EU pero *lorry* en Inglaterra.
El combustible que se pone en el tanque es *gas* en los EU y *petrol* en Gran Bretaña.

Sin embargo, tales diferencias de vocabulario se limitan generalmente a reducidas palabras y los americanos y los británicos se entienden (generalmente) sin dificultad.

— I'm sorry. Tell me, has the new receptionist
Aim sari. Tel mi, jæzz zi niú resépshonist
Lo siento. Dígame, la recepcionista nueva

been working well?
bin uérking uel?
¿ha estado trabajando bien?

— On the contrary. She has arrived late every morning
An zi cántrari. Shi jæzz aráived leit evri mórning
Al contrario. Ha llegado tarde cada mañana

and has spent most of the day
ænd jæzz spent most av zi dei
y ha pasado gran parte del día

chatting with her friends on the telephone.
chætting uiz jer frends an zi télefon.
charlando con sus amigas por teléfono.

— Speaking of the telephone,
Spíking av zi télefon,
Hablando del teléfono,

have there been any important calls for me?
jæv zer bin eni important cols for mi?
¿ha habido algunas llamadas importantes para mí?

—I have kept a list of all messages.
Ai jæv kept e lisst av ol mésadches.
He guardado una lista de todos los mensajes.

A Miss Gloria has called several times
E Miss Gloria jæzz cold sévral taims
Una señorita Gloria ha llamado varias veces

without leaving her last name.
uizaut líving jer læst neim.
sin dejar su apellido.

—Oh yes, I believe I know who it is.
O ies, ai bilív ai no ju itt izz.
Ah sí, creo que sé quién es.

Where have you put the messages?
Uer jæv iu putt zi mésadches?
¿Dónde ha puesto los mensajes?

—I have put them in the top drawer
Ai jæv putt zem inn zi tap dror
Los he puesto en la gaveta superior

of your desk.
av iur desk.
de su escritorio.

It is locked.
Itt izz lakt.
Está cerrada con llave.

—Thank you. I see you have taken care of everything.
Zænk iu. Ai si iu jæv teken quer av évrizing.
Gracias. Veo que Ud. se ha encargado de todo.

By the way, you will notice
Bai zi uei, iu uil notis
A propósito, notará

an increase in your salary check this week.
æn incrís inn iur salari chec zis uik.
un aumento en su cheque de salario de esta semana.

I had already told the treasurer
Ai jæd olredi told zi tréshurer
Ya le había dicho al tesorero

to increase it before my departure.
tu incrís itt bifor mai depártuir.
de aumentarlo antes de mi partida.

— What an agreeable surprise!
Uat æn agríebel serpraizz!
¡Vaya una sorpresa agradable!

Thank you very much!
Zænk iu veri mach!
¡Muchísimas gracias!

¡PÓNGASE A PRUEBA!

Traduzca las frases siguientes al inglés. Cuente 10 puntos por cada contestación correcta.

1. Aquí se habla inglés.
2. ¿Está permitido fumar?
3. ¿Está prohibido el estacionamiento?
4. ¿Ha estado Ud. en Nueva York antes?
5. Sí, he estado aquí antes.
6. Hemos estado esperando mucho tiempo
7. ¿Qué ha sucedido?
8. ¿Han llegado nuestras maletas?
9. ¿Ha habido algunas llamadas importantes?
10. El restaurante está cerrado los domingos.

1. ______________________________

2. ______________________________

3. ______________________________

4. ______________________________

5. ______________________________

6. ______________________________

7. ______________________________

8. ______________________________

9. ______________________________

10. ____

RESULTADO: ________%

Contestaciones: 1. English is spoken here. 2. Is smoking permitted? 3. Is parking prohibited? 4. Have you been in New York before? 5. Yes, I have been here before. 6. We have been waiting a long time. 7. What has happened? 8. Have our bags arrived? 9. Have there been any important calls? 10. The restaurant is closed on Sundays.

paso 17 USO DE AUXILIARES PARA INVITAR, PARA PEDIR PERMISO O INFORMACIÓN, Y PARA REPETIR LO DICHO

When we offer something to someone,
Uen ui ófer sámzing tu samuon,
Al ofrecer algo a alguien,

we use phrases like:
ui iuzz freses laik:
usamos frases como:

Would you like some coffee?
Uúd iu laik sam cofi?
¿Le gustaría un café?

Wouldn't you care for a chocolate?
Uudent iu quer for e cháclat?
¿No le gustaría un chocolate?

Will you have a drink?
Uil iu jæv e drink?
¿Tomará una copa?

Won't you have something to eat?
Uont iu jæv sámzing tu íit?
¿No quiere algo de comer?

Los verbos auxiliares y la cortesía
Los auxiliares se combinan con los verbos básicos (sin usar el *to* del infinitivo) para hacer

invitaciones cortésmente indirectas, es decir, usando verbos en el condicional u otras construcciones que implican posibilidad, permiso, o favor.

To request a service:
Tu recuest e servis:
Para pedir un servicio:

Can you tell me where the bus stop is?
Cæn iu tel mi uer zi bas stap izz?
¿Puede Ud. decirme dónde está la parada de autobuses?

Could you tell me the way to Central Park?
Cud iu tel mi zi uei tu Séntral Parc?
¿Podría decirme cómo ir al Parque Central?

To ask permission:
Tu æsk permishon:
Para pedir permiso:

May I sit here?
Mei ai sitt jíer?
¿Puedo sentarme aquí?

May I take a picture of you?
Mei ai teik e píctiur av iu?
¿Puedo tomar un retrato de Ud.?

Would you please take a photo of me?
Uúd iu pliis teik e foto av me?
Por favor, ¿tomaría una foto de mí?

I would like to send you a copy.
Ai uúd laik tu send iu e capi.
Me gustaría mandarle una copia.

Could you tell me your address?
Cud iu tel mi iur ædress?
¿Me podría decir su dirección?

May and can
Ambos auxiliares quieren decir "poder" excepto que *may* es más cortés, indicando, más bien, "¿me permite?" *Could* es el condicional y también el pasado de *can*. *Would*, por su parte,

es el auxiliar que forma el condicional de todos los verbos.

The conditional is important for making
Zi candíshonal izz impórtant for méiking
El condicional es importante para hacer

(or refusing) invitations:
(or rifiúzzing) inviteshons:
(o rehusar) invitaciones.

— Could you meet me for lunch today?
Cud iu míit mi for lanch tudei?
¿Podría encontrarme hoy para almorzar?

We could go to Eduardo's, if you wish.
Ui cud go tu Eduárdos, iff iu uish.
Podríamos ir al restaurante Eduardo, si Ud. quiere.

Or would you prefer another place?
Or uúd iu prifer anózer pleis?
O ¿preferiría otro lugar?

To want, to wish
Wish es un verbo más cortés que *want,* más equivalente a "desear." *To desire* es también un verbo inglés pero no tan usado como *to wish.*

— I'd love to, but I couldn't go today. I'm busy.
Aid lav tu, bat ai cúdent go tudéi. Aim bizzi.
Me encantaría, pero hoy no podría. Estoy ocupada.

— Well then, would it be possible for tomorrow?
Uel zen, úud itt bi pásibel for tumaro?
Entonces, ¿sería posible para mañana?

— Yes. Perhaps I might be able to go tomorrow.
Ies. Perjæps ai mait bi ébel tu go tumaro.
Sí. Tal vez podría ir mañana.

May — might
Estos dos auxiliares implican posibilidad y se usan con el verbo, o solos al contestar una pregunta. *Might* significa una posibilidad más remota que *may.*

I may go to Europe soon.
Puede ser que vaya a Europa pronto.
Do you think Smith will be elected?
¿Le parece que Smith será elegido?
He might be.
Tal vez podría.

—Could you call me in the morning?
Cud iu col mi inn zi mórning?
¿Podría llamarme por la mañana?

To ask for a favor:
Tu æsk for e féivor:
Para pedir un favor:

Would you do me a favor?
Uúd iu du mi e féivor?
¿Me harías un favor?

Could you lend me twenty dollars?
Cud iu lend mi tuenti dalers?
¿Me podrías prestar veinte dólares?

I'll give it back to you
Ail guiv itt bæc tu iu
Te lo devolveré

next week, for sure.
next uik, for shur.
la próxima semana, por seguro.

—I'd like to, but I don't have it today
Aid laik tu, bat ai dont jæv itt tudéi.
Me gustaría, pero hoy no lo tengo.

—Well, couldn't you lend me ten, then?
Uel, cúdent iu lend mi ten, zen?
Pues, ¿no podrías prestarme diez, entonces?

Resumen de abreviaturas
La abreviatura por *would* es una "d" sencilla. *I'd = I would. You'd = you would,* etc. El negativo abreviado conserva el *would* pero acorta el *not* a *n't* — *I wouldn't.* Se cree comúnmente en parte por esto que el inglés se habla muy rápido.

To agree on costs:
Tu agrí an costs:
Para ponerse de acuerdo sobre costos:

— How much would you charge to the airport?
Jau mach uúd iu chardch tu zi érport?
¿Cuánto me cobraría — hasta el aeropuerto?

— It would cost $25.00, more or less.
Itt uúd cost tuenti-faiv dalers, mor or less.
Costaría $25.00, más o menos.

— Look, couldn't we make the price a bit lower?
Luk, cúdent ui meik zi prais e bit lóer?
Mire, ¿no podríamos bajar el precio un poco?

— No way, sir. It would be illegal.
No uei, ser. Itt uúd bi ilígal.
Ni modo, señor. Sería ilegal.

To repeat what has been said:
Tu ripít uat jaezz bin sed:
Para repetir lo dicho:

— Hello! Could I speak to Miss Cooper?
Jeló! Cud ai spíik tu Miss Cúper?
¡Hola! ¿Podría hablar con la Srta. Cooper?

— She's not here now. She's out.
Shizz nat jíer nau. Shizz aut.
Ahora no está. Está en la calle.

— That's funny. She told me that
Zæts fani. Shi told mi zæt
Eso es raro. Me dijo que

she would be back around five.
shi uúd bi bæc araund faiv.
estaría de vuelta a eso de las cinco.

It's funny
Funny tiene dos sentidas, "cómico" o "raro," dependiendo del significado de la frase.

Didn't she say when she would return?
Díddent shi sei uen shi uúd ritérn?
¿No dijo cuándo volvería?

— She said only that first she would go shopping
Shi sed onli zat ferst shi uúd go shápping
Sólo dijo que primero íría de compras

and that later she was going to meet
æend zaet léiter shi uazz góing tu míit
y que después iba a encontrarse con

a friend for tea.
e frend for ti.
una amiga para tomar el té.

Would you care to call later?
Uúd iú quer tu col léiter?
¿Le gustaría llamar más tarde?

— Thanks. I shall. But would you be kind enough
Zænks. Ai shal. Bat uúd iú bi kaind enof
Gracias. Lo haré. Pero sería tan amable

to tell her that Robert Taylor called?
tu tel jer zaet Róbert Téilor cold?
de decirle que Róbert Táylor llamó?

CONVERSACIÓN AL INSTANTE: UNA INVITACIÓN A UN PARTIDO DE BÉISBOL

— Would you like to go to the baseball game tomorrow?
Uúd iú laik tu go tu zi béisbol mañana?
¿Te gustaría ir al partido de béisbol mañana?

Sports = los deportes
Los principales deportes de exhibición son casi iguales en los dos idiomas.

béisbol = baseball
baloncesto = basketball
tenis = *tennis*
golf = *golf*
boxeo = *boxing*
lucha libre = *wrestling*
fútbol = *football* (o) *soccer*

Football se aplica al juego norteamericano mientras que *soccer* se refiere al juego de fútbol, tal como se conoce en los países hispanos.

— I would like to, but I don't know
Ai uúd laik tu, bat ai dont no
Me gustaría, pero no sé

if I would have time.
iff ai uúd jaev taim.
si tendría tiempo.

Infinitivo acortado
La preposición *to* se puede usar en ciertas condiciones después de otro verbo sin ser seguido por el verbo del infinitivo a que se refiere.

Do you like to swim? = ¿Le gusta nadar?
Yes, I like *to.* = Sí, me gusta.

I have a report that I should finish before Monday.
Ai jæv e riport zaet ai shud finish bifor Mondei.
Tengo un reporte que debería terminar antes del lunes

—But you could put off the report until evening.
Bat iú cud put off zi riport ontil ívning.
Pero podrías posponer el reporte hasta la noche

The game would only take a couple of hours.
Zi gueim uúd teik onli e cápul av aurs.
El partido sólo duraría un par de horas.

Tom said we could go in his car.
Tam sed ui cud go in jizz car.
Tom dijo que podríamos ir en su auto.

He said we shouldn't miss seeing this game,
Ji sed ui shúdent miss síing zis gueim,
Dijo que no deberíamos dejar de ver este partido,

since it was going to be the most important of the season.
sins itt uazz going tu bi zi most important av zi sizzen.
puesto que iba a ser el más importante de la temporada.

—Which team, in your opinion, will win?
Uich tíim, inn iur opínion, uil uin?
¿Cuál de los equipos, en su opinión, ganará?

—The Senators should win, according to
Zi Sénators shúud uin, acórding tu
Los Senadores deberían ganar, según

their batting average.
zeir báetting áveredch.
su término medio de bateo.

On the other hand, if the Orioles'
An zi ózer jaend, iff zi Oriols
Por otra parte, si el primer

first pitcher has recovered from his accident
ferst pítcher jaezz ricóverd fram jizz áccident
lanzador de los Orioles se ha recuperado de su accidente

and is in good shape,
aend izz inn gud sheip,
y está en buena forma,

then the Orioles might have
zen zi Oriols mait jaev
entonces los Orioles pudieran tener

a good chance to win.
e gud chaens tu uin.
una buena posibilidad de ganar.

—That sounds interesting. O.K. I'll be glad to go.
Zaet saunds ínteresting. Oqué. Ail bi glaed tu go.
Eso parece interesante. Bien. Iré con gusto.

¡PÓNGASE A PRUEBA!

Traduzca al inglés. Cuente 10 puntos por cada contestación correcta.

1. Podría encontrarme hoy para almorzar?
2. Puedo tomar un retrato de Ud.?
3. Me gustaría mandarle una copia.
4. ¿No quiere algo para comer?
5. ¿Puedo sentarme aquí?
6. ¿Me podría decir su número de teléfono?
7. ¿Tomaría una copa?
8. ¿Podría llamarme por la mañana?
9. ¿Me podrías prestar veinte dólares?
10. ¿Le gustaría ir a un partido de béisbol mañana?

1. ______________________________
2. ______________________________
3. ______________________________
4. ______________________________
5. ______________________________
6. ______________________________
7. ______________________________
8. ______________________________
9. ______________________________

10. ____

RESULTADO: ________%

Contestaciones: 1. Could you meet me for lunch today? 2. May I take a picture of you? 3. I would like to send you a copy. 4. Won't you have something to eat? 5. May I sit here? 6. Could you tell me your telephone number? 7. Will you have a drink? 8. Could you call me in the morning? 9. Could you lend me twenty dollars? 10. Would you like to go to a baseball game tomorrow?

paso 18 EMPLEOS Y NEGOCIOS

There are many business opportunities
Zer ar meni bizznes oportúnitis
Hay muchas oportunidades de negocios

in America for people who speak
inn América for pípel ju spiík
en América para la gente que habla

Spanish and English fluently.
Spáenish aend Ínglish flúentli.
inglés y español fluidamente.

Salesmen and company representatives are needed
Seilsmen aend cámpani reprisèntativs ar níidid
Se necesitan vendedores y representantes de compañías

for business and commercial relations
for bizznes aend comérshel rileshuns
para los negocios y las relaciones comerciales

between North America and the Spanish-speaking world.
butuín Norzamérica aend zi Spáenish-spiiking uerld.
entre Norteamérica y el mundo hispano-parlante.

Translators and bilingual secretaries
Tráensletors aend bailíngual sécreteris
Traductores y secretarios bilingües

can find good positions in banks,
caen faind gud posíshons inn baenks,
pueden hallar buenos puestos en bancos,

lawyers' offices, and large corporations.
loiers ófisis aend lardch corporeshons.
oficinas de abogados, y en grandes corporaciones.

Palabras en común
Una serie de palabras en español, al cambiar el *-ario* final en *-ary*, llegan a ser perfectamente reconocibles en inglés.

temporario	*temporary*
necesario	*necessary*
vocabulario	*vocabulary*
ordinario	*ordinary*
extraordinario	*extraordinary*
diccionario	*dictionary*
voluntario	*voluntary*
adversario	*adversary*
secretario	*secretary*

(En cuanto a los dos últimos substantivos, el inglés, no especificando el sexo, puede dejar a uno en la duda en cuanto a este punto importante.)

Interpreters are employed in department stores,
Intérpreters ar emploid inn dipártment stors,
Se emplean intérpretes en tiendas de departamentos,

hotels, hospitals, and airports.
jotéls, jáspitals, æend érports.
hoteles, hospitales y aeropuertos.

Factory and construction workers
Faéctori æend constrócshon uerkers
Los obreros de fábricas y de construcción

need English for reasons of safety
níid Inglish for rizzons av séifeti
necesitan inglés para fines de seguridad

and to communicate with work teams.
æend to comiúniqueit uiz uerk tims.
y para comunicarse con los equipos de trabajo.

Capable bilingual people can find positions
Quépabel bailíngual pípel cæen faind posíshons
La gente bilingüe capicitada puede encontrar puestos

in municipal, state, or federal agencies.
inn munísipal, stet, or federal édchensis.
en las agencias municipales, estatales, o federales.

Palabras en común
Un rápido examen de las palabras nuevas de este paso indicará lo parecido entre el vocabulario avanzado inglés con el español. Al progresar Ud. en el inglés encontrará una gran cantidad de palabras familiares que Ud. ya conoce en español — lo importante es saber cómo pronunciarlas.

Spanish is the second language of the United States
Spǽnish izz zi sécond lǽngüedch av zi Iunaited Steits
El español es el segundo idioma de los EE.UU.

but English, the national language,
bat Ínglish, zi nǽshunal lǽngüedch,
pero el inglés, el idioma nacional,

is really the key to one's success
izz rili zi ki tu uons succés
es realmente la clave para el éxito de cualquiera

in almost any work, position, or business
inn ólmost eni uerk, posíshen, or bizznes
en casi cualquier trabajo, puesto o actividad

activity one may engage in.
æctíviti uon mei inguech inn.
comercial con el cual uno puede ocuparse.

Un creciente porcentaje . . . pero . . .
Los EE.UU., contando con 20.000.000 de hispanoparlantes, es ahora el país lingüiísticamente el número cuatro del mundo hispano. Sin embargo hay que recordar que los demás habitantes de los EE.UU. hablan poco español y por eso tiene uno que defenderse con el inglés.

CONVERSACIÓN AL INSTANTE: UNA ENTREVISTA SOBRE EL EMPLEO

DIRECTOR OF PERSONNEL
DIRÉCTOR AV PERSONEL:
DIRECTOR DEL PERSONAL:

Good morning. Please be seated.
Gud mórning. Plíis bi síited.
Buenos días. Tome una silla, por favor.

Have you completed the application for employment?
Jæv iu complíted zi apliqueshon for emplóiment?
¿Ha completado el formulario de empleo?

APPLICANT:
ǼPLICÆNT:
ASPIRANTE:

Yes, I have. Here it is, sir.
Ies, ai jæv. Jíer itt izz, ser.
Sí, lo he hecho. Aquí está, señor

—I see on your application that
Ai sí an iur apliqueshon zæt
Veo en su formulario que

you speak Spanish and English fluently.
iu spíik Spǽnish ænd Ínglish flúentli.
Ud. habla español e inglés fluidamente.

Are you familiar with business terminology
Ar iu famíliar uiz bizznes terminólodchi
¿Está Ud. familiarizado con la terminología comercial

in both languages?
inn boz lǽngüedches?
en ambos idiomas?

— Yes, I am. I have worked in the international division
Ies, ai æm. Ai jæv uerkt inn zi internæshonal divishen
Lo estoy. He trabajado en la división internacional

of the National Bank for five years.
av zi Næshonal Bænk for faiv íiers.
del Banco Nacional durante cinco años.

— Tell me, are you up to date on
Tel mi, ar iu ap tu deit on
Dígame, ¿está Ud. al día de

the latest import-export regulations?
zi léitest import-export reguiuléishens?
los últimos reglamentos de importación-exportación?

— Yes. A good deal of my work
Ies. E gud dil av mai uerk
Sí. Una gran parte de mi trabajo

was connected with the foreign accounts department.
uazz conécted uiz zi fáren acaunts dipártment.
tenía que ver con el departamento de cuentas extranjeras.

— Are you free to travel?
Ar iú fri tu trável?
¿Está Ud. libre para viajar?

We have branches in different
Ui jæv brænches inn dífrent
Tenemos sucursales en varias

American and Latin American cities.
Américan ænd Lætin Américan sitis.
ciudades norte-y latinoamericanas.

— Certainly. I would like to have such an opportunity.
Sértenli. Ai uud laik tu jæv sach æn oportúniti.
¡Cómo no! Me gustaría tener tal oportunidad.

— What was your reason
Uat uazz iur rizzon
¿Cuál fue su motivo

for leaving your last position?
for líiving iur laest posishon?
para dejar su último puesto?

—There was no room for further advancement.
Zer uas no rúum for fúrzer advánsment.
No había lugar para más ascenso.

Also I wanted to come to the United States.
Olso, ai uanted tu cam tu zi Iunáited Steits.
Además, quería venir a los Estados Unidos.

—Your qualifications seem to be excellent.
Iur cualifiqueshens síim tu bi ekselent.
Sus calificaciones parecen ser excelentes.

Within two weeks we will have a position open—
Uizín tu uiks ui uil jæv e posíshon open—
Dentro de dos semanas tendremos un puesto vacante—

assistant to the export manager.
asístent tu zi éxport máenedcher.
asistente del director de exportación.

Incidently, our company offers
Insidentli, aur cámpani ofers
A propósito, nuestra compañía ofrece

many advantages to its employees, such as
meni adváentaedches tu its emploíis, sach as
muchas ventajas a sus empleados, tales como

health, profit sharing, and retirement plans.
jelz, práfit shering, aend ritáirment plans.
planes de salud, de participación en los beneficios, y de la jubilación.

They are described in detail in this booklet.
Zei ar descraibd inn díteil inn zis búklet.
Están detalladamente descritos en este librito.

When would you be prepared to start?
Uen uúd iu bi preperd tu start?
¿Cuándo estaría preparado para empezar?

—Whenever it would be convenient for you.
Uenéver itt uúd bi canvínient for iu.
En cualquier momento que les fuera conveniente a Uds.

However I should first like to discuss
Jauéver ai shud ferst laik ti discás
Sin embargo, quisiera primero discutir

the question of salary.
zi cúestion av sálari.
la cuestión del sueldo.

Question
Question se traduce por "pregunta." "Cuestión," implicando más bien un tema de estudio o problema, también se traduce por "question" en inglés.

— Of course. I am sure we can arrive
Av cors. Ai aem siur ui caen araiv
Desde luego. Estoy seguro de que podremos llegar

at an agreement of mutual benefit.
aet aen agríment av miútual bénefit.
a un acuerdo de mutuo beneficio.

¡PÓNGASE A PRUEBA!

Lea el Paso 18 otra vez con atención y entonces, sin mirar más el capítulo, indique en el espacio indicado si cada frase a continuación es verídica o falsa — *True* or *False*. Cuente 10 puntos por cada contestación correcta.

	TRUE	FALSE
1. You don't need English to get a good job in the United States.	( )	( )
2. Bilingual secretaries use three languages at work.	( )	( )
3. After English, Spanish is the most important language in the United States.	( )	( )
4. Federal agencies frequently employ bilingual people.	( )	( )
5. The company has profit sharing and retirement plans.	( )	( )
6. The company has no branches in other cities.	( )	( )
7. The person looking for a job has written an application.	( )	( )
8. The applicant is unfamiliar with business terminology.	( )	( )
9. The applicant knows about import-export regulations.	( )	( )
10. He doesn't want to travel.	( )	( )

RESULTADO: _______%

Contestaciones: 1. False, 2. False, 3. True, 4. True, 5. True, 6. False, 7. True, 8. False, 9. True, 10. False.

paso 19 EL PLUSCUAMPERFECTO: RELATANDO INCIDENTES

The past participle is used with "had"
Zi paest pártisipel izz uzzd uiz "jaed"
El participio pasivo se emplea con "had"

to form the past perfect:
tu form zi paest perfect:
para formar el pluscuamperfecto:

The past perfect = El pluscuamperfecto
El uso del *past perfect* es análogo en su empleo con el pluscuamperfecto en español. Se forma con *had* combinado con el participio pasivo y se emplea para describir una acción ya terminada antes de otra acción subsecuente:

We had already gone to bed when Victor came to visit.
Ya nos habíamos acostado cuando Víctor vino de visita.
I knew someone who had made millions in the stock market before it fell.
Conocía a alguien que había hecho millones en la bolsa antes de que ésta se desplomó.

Combinación de tiempos
Observe cómo el pluscuamperfecto tiene que usarse con otros tiempos de verbos puesto que su uso implica que otro tiempo adicional precede a la situación que se plantea.

The train had left
Zi tren jaed left
El tren había salido

before we got to the station.
bifor ui gat tu zi stéshon.
antes de que llegáramos a la estación.

Fortunately the bus had not departed.
Fórtiunetli zi bas jæd nat dipárted.
Afortunadamente el autobús no había salido.

When we arrived at the hotel
Uen ui aráivd æt zi jotel
Cuando llegamos al hotel

the dining room had just closed.
zi dáining rum jæd d'chast closd.
el comedor acababa de cerrarse.

***Just* para indicar tiempo**
I just arrived. = Acabo de llegar.
I had just arrived. = Acababa de llegar.

We were quite hungry
Ui uer cuait jangri
Teníamos bastante hambre

since we had not eaten since noon.
sinns ui jæd nat iten sinns nun.
puesto que no habíamos comido desde mediodía.

But we remembered that we had noticed
Bat ui rimémberd zæt ui jæd nótist
Pero recordamos que habíamos notado

a "diner" near the station.
e "dáiner" níir zi steshan.
un "diner" cerca de la estación.

Restaurante a toda hora
Un "diner" es un pequeño restaurante usualmente en forma del "comedor" del carro de ferrocarril que acostumbra a no cerrarse nunca.

We went back there and found
Ui uent bæc zer ænd faund
Allí regresamos y encontramos

that it hadn't closed yet.
zat itt jáedent clozzed iet.
que todavía no se había cerrado.

NARRACIÓN AL INSTANTE: UNA SOMBRA EN LA VENTANA

We had already finished dinner
Ui jæd olredi fínisht dínner
Ya habíamos terminado la comida

and we were in the living room having coffee.
ænd ui uer inn zi líving rum jæving cofi.
y estábamos en la sala tomando el café.

Suddenly we heard screams,
Sádenli ui jerd scrims,
De repente oímos gritos,

which were coming from the kitchen.
uich uer cáming fram zi kitchen.
que venían de la cocina.

We ran in to see what had happened.
Ui ræn inn tu si uat jæd jápend.
Corrimos para ver lo que había pasado.

The maid told us,
Zi meid told as,
La criada nos dijo,

when she had calmed down,
uen shi jæd camd daun,
cuando se había calmado,

that she had heard a noise
zat shi jæd jerd e noizz
que había oído un ruido

on the fire escape
an zi fair esqueip
en la escalera de incendios

and thought that she had seen
aend zot zaet she jaed síin
y creía que había visto

someone outside the window who was looking in.
samuon autsaid zi uindo ju uas lúking inn.
a alguien fuera de la ventana que miraba hacia adentro.

She thought it could be a burglar.
Shi zot itt cud bi e bérgler.
Pensaba que podía ser un ladrón.

She said that she had read an article
Shi sed zaet shi jaed red aen ártíquel
Dijo que había leído un artículo

in the newspaper about a cat burglar
inn zi niúspaeper abáut e caet bérgler
en el periódico sobre un ladrón "gato"

who had climbed up a building and had robbed
ju jáed claimd ap e bílding aend jaed rabd
que había escalado un edificio y había robado

several apartments in the neighborhood.
sévral apartments inn zi néborjud.
varios departamentos en el vecindario.

We looked out the window
Ui lukt aut zi uindo
Miramos por la ventana

but there was no one there.
bat zer uas no uon zer.
pero allí no había nadie.

We called the police
Ui cold zi polís
Llamamos a la policía

and they told us that
aend zei told as zaet
y ellos nos dijeron que

they would check the building.
zat zei uud chec zi bilding.
harían una inspección del edificio.

Emergencias
He aquí unas expresiones que podrían ser de alta importancia.

¡Policía! = Police! (Polís)
¡Al ladrón! = Stop thief! (Stap zif)
Me han robado. = I've been robbed. (Aiv bin rabd)
¡Socorro! = Help! (Jelp)
¡Fuego! = Fire! (fair)
¡Cuidado! = Look out! (Luk aut)
¡Ha habido un accidente! = There's been an accident! (Zers bin æn æcsident!)
¡Apúrese! = Hurry! (Jari)
¡Llame una ambulancia! = Call an ambulance! (Col æn æmbiulæns)
¡No se mueva! = Don't move! (Dont muv)

¡PÓNGASE A PRUEBA!

Traduzca al inglés. Cuente 10 puntos por cada contestación correcta.

1. Cuando llegamos, el tren había salido. ______________________
2. No habíamos comido desde mediodía. ______________________
3. Habíamos terminado la comida. ______________________
4. Estábamos tomando el café. ______________________
5. La criada nos dijo que había oído un ruido. ______________________

Hé aquí cinco situaciones. Escriba una o dos frases apropiadas a cada uno de ellas. (Véase el Paso precedente.) En el caso de no entender todas las palabras de los números 6 a 10, búsquelas en el diccionario que empieza en la página 225

6. If a robber takes your money, you call: ______________________
7. If you see smoke and flames coming from a house, you shout: __________
8. If a person who can't swim falls into a river, he calls: __________
9. If you see an accident, you say: ______________________
10. If a person is hurt in an accident, you tell him: ______________________

RESULTADO: ________%

Contestaciones: 1. When we arrived, the train had left. 2. We had not eaten since noon. 3. We had finished dinner. 4. We were having coffee. 5. The maid told us that she had heard a noise. 6. Stop thief! I've been robbed. 7. Fire! 8. Help! 9. Call an ambulance! There's been an accident. 10. Be careful! Don't move!

paso 20 EL FUTURO PERFECTO: RESUMEN DE LOS TIEMPOS DEL VERBO

The future perfect is used
Zi fiútiur pérfect izz iuzzd
El futuro perfecto se usa

to express action already finished in the future.
tu exprés æcshen olredi fínisht inn zi fiútiur.
para expresar acción ya terminada en el futuro.

The future perfect
Este tiempo se forma con "will have" (o sus formas negativas "will not have" o "won't have") combinado con el participio pasivo. Note los ejemplos a continuación.

—Will you have finished the repair by evening?
Il iu jæv fínisht zi ríper bifor ívning?
¿Habrá terminado la reparación antes de la noche?

—It's possible, but I'll certainly
Its pásibel, bat ail sértenli
Es posible, pero mañana habré ciertamente

have finished the job by tomorrow.
jæv fínisht zi dchab bai tumaro.
terminado la tarea.

By next week I will have received my final grades.
Bai next uic ai uil jæv risivd mai fáinel greids.
Por la próxima semana habré recibido mis notas finales.

If they are good, I will have fulfilled
Iff zei ar gud, ai uil jæv fulfild
Si son buenas habré cumplido

all the requirements for graduation.
ol zi ricuairments for gradiuéshon.
todos los requisitos para graduarme.

When he finishes his literature course
Uen ji finishes jizz lítratiur cors
Cuando él termine su curso de literatura

he will have read at least 250 books.
ji uil jæv red æt list tu jandred ænd fifti bucs.
habrá leído por lo menos 250 libros.

Resumen del plan de verbos
Con el futuro perfecto (*future perfect*) llegamos al último de los seis tiempos básicos del inglés.

Recuerde que todos los verbos usan formas iguales para las diferentes "personas" exceptuando unas pequeñas diferencias con *"to be"* (*am, is, are* in el presente y *was* y *were* en el pasado).

Observe este plan con el verbo *"to speak"* con la primera persona (*I*) como modelo: *to speak*

present = I speak
past = I spoke
future = I will speak
perfect = I have spoken
past perfect = I had spoken
future perfect = I will have spoken

Estos tiempos, que sirven para todos los verbos excepto los auxiliares, también se adaptan al progresivo, combinando las formas correspondientes de *to be* con el participio presente, el que termina con *-ing*. Este uso de *to be* corresponde en español al uso de "estar" con el gerundio.

present = I am speaking
past = I was speaking
future = I will be speaking

perfect = I have been speaking
past perfect = I had been speaking
future perfect = I will have been speaking

Como habrá notado, los verbos ingleses son bastante sencillos en su concepto y su uso, aunque a veces difíciles de comprender en la conversación debido a las abreviaturas.

Las muchas variaciones de tiempo y modo que existen en las conjugaciones en español se expresan en inglés por medio de los verbos auxiliares, como se notará con más detalle en los próximos pasos.

CONVERSACIÓN AL INSTANTE: EL PROGRESO DE LA CIENCIA

— In a hundred years what changes
Inn e jándred iers uat chendches
Dentro de cien años, ¿qué cambios

will have occurred?
uil jæv oquerd?
habrán ocurrido?

— In my opinion we will have established
Inn mai opínnion ui uil jæv estáeblisht
En mi opinión habremos establecido

bases on the moon and on the planets
béises an zi múun ænd an zi plænets
bases en la luna y en los planetas

of the solar system.
av zi sólar sistem.
del sistema solar.

Scientists will have developed
Sáientists uil jæv divélopt
Los científicos habrán desarrollado

new food resources
niu fúud rísorses
nuevos recursos de alimentación

for the world's greatly increased population.
for zi uerlds greitli incrisd papiuleshon.
para la población grandemente aumentada del mundo.

Progress in medical care will have prolonged
Pragress inn médisen uil jæv prolongd
El progreso en la medicina habrá prolongado

the duration of human life by many years.
zi diureishon av jiúman laif bai meni íers.
la duración de la vida humana por muchos años

The use of computers
Zi ius av compiúters
El empleo de las computadoras

will have completely changed
uil jæv camplitli chendchd
habrá cambiado por completo

the educational system.
zi ediuquéshonal sístem.
el sistema de educación.

— Maybe. But do you think
Meibi. Bat du iú zinc
Quizá. Pero ¿piensa Ud.

they will have discovered
zei uil jæv discóverd
que habrán descubierto

a means of reducing taxes?
e míins av ridiúsing táekses?
un medio de reducir los impuestos?

¡PÓNGASE A PRUEBA!

Las verbos indicados están en el tiempo futuro. Sírvase cambiarlos al futuro perfecto, escribiendo tales formas en las líneas indicadas. Cuente 10 por cada contestación correcta.

We *will establish* bases on other planets. Scientists *will develop* new food resources which *will prolong* human life. Computers *will change* the educational system. Many new discoveries *will be made.*

Future	Future perfect
1. will establish	1.______________________________
2. will develop	2.______________________________
3. will prolong	3.______________________________
4. will change	4.______________________________
5. will be made	5.______________________________

Traduzca al inglés. Cuente 10 puntos por cada traducción correcta.

1. ¿Habrá él terminado la reparación antes de las 6?

____

2. Nosotros habremos recibido el contrato antes de la reunión.

____

3. El mes próximo habré cumplido los requisitos para graduarme.

____

4. Antes del martes próximo habré hecho los cambios que Ud. quiere.

____

5. Después de haber hablado con él podré darle a Ud. la información.

____

RESULTADO: ________%

Contestaciones: 1. will have established 2. will have developed 3. will have prolonged 4. will have changed 5. will have been made.

1. Will he have finished the repair before 6 o'clock?
2. We will have received the contract before the meeting.
3. Next month I will have fulfilled the requirements to graduate.
4. Before next Tuesday I will have made the changes you wish.
5. After having spoken with him I will be able to give you the information.

paso 21 CONDICIONES Y SUPOSICIONES

Sentences like
Séntenses laik:
Las frases como:

"If it rains tomorrow, we won't go to the beach,
Iff itt reins tumoro, ui wont go tu zi bíich,
"Si llueve mañana, no iremos a la playa,"

and "If he came to the party, I didn't see him,"
aend, "Iff ji queim tu zi parti, ai dídent si jimm,"
y "Si él vino a la fiesta, no lo vi,"

are simple suppositions.
ar símpel supozzishons.
son sencillas suposiciones.

Suposiciones menos ciertas o indirectas
Las suposiciones sencillas se expresan con *"if"* y siguen el uso normal de tiempos de verbo en español, como se indica arriba. Las suposiciones que implican condiciones menos probables se forman en inglés usando *"if"* con el pasado del verbo y *"would"* con el otro verbo de la combinación.

—If you told me what happened
Iff iu told mi uat jáepend
Si Ud. me dijese lo que pasó

I would not repeat it to anyone.
ai uúdent ripit itt tu éni-uan.
no lo repetiría a nadie.

—If you were in my place, what would you do?
Iff iu uer inn mai pleis, uot uúd iu du?
Si Ud. estuviera en mi lugar ,¿qué haría Ud.?

—Well, if I were in your situation,
Uel, iff ai uer inn iur sitiuéshon,
Pues, si yo estuviera en su situación,

I would try to find a good lawyer.
Ai uúd trai tu faind e gud lóier.
Trataría de conseguir un buen abogado.

Condiciones contrarias a la realidad
Note la importancia del grado de la suposición en los ejemplos inmediatamente arriba. Al decir *"If you were in my place"* se plantea una situación que *no es* verdad, y así se usa el tiempo pasado con *"if"* y *"would"* con el segundo verbo de la suposición—la cual puede calificar como "contrario a la realidad."
Note la única excepción en cuanto al uso del pasado con esta clase de suposiciones: *"was"* se convierte en *"were."*
Observe a continuación el empleo de una serie de suposiciones contrarias a la realidad.

—Last night I saw a TV program about tigers.
Læst nait ai sor e TiVi program abaut taiguers.
Anoche vi un programa de televisión sobre tigres.

What would you do if you met
Uat uúd iu du iff iu met
¿Qué harías tú si encontraras

a tiger in the jungle?
e taíguer inn zi dchánguel?
un tigre en la selva?

—Well, if I saw one, I would kill him
Uel, iff ai sor uon, ai uúd quil jimm
Pues, si viera uno, lo mataría

with my rifle.
uiz mai ráifel.
con mi rifle.

—But if you didn't have a rifle, what then?
Bat iff iu dídent jæv e ráifil, uat zen?
Pero si no tuvieras rifle, ¿entonces qué?

—Then I would climb up a tree.
Zen ai uúd claim ap e tri.
Entonces subiría a un árbol.

—Don't you know that tigers can climb trees too?
Dont iu no zat táiguers cæn claim tríis túu?
¿No sabes que los tigres pueden subir a los árboles también?

—Then I would have to run for my life.
Zen ai uúd jæv tu ran for mai laif.
Entonces tendría que correr por mi vida.

You know, I used to be a champion racer in school
Lu no, aiuist tu bi e chǽmpion réser inn skul.
Tú sabes, yo era campeón de carrera en el colegio.

—Hmm . . . I think that the tiger
Hmm . . . ai zinc zæ zi taiguer
Jmm . . . pienso que el tigre

would catch up to you easily . .
uúd cæch ap tu iu ízzili . . .
te alcanzaría fácilmente . . .

—For God's sake, man!
For Gads saik, mæn!
¡Hombre! ¡Por el amor de Dios!

Are you my friend or the friend of the tigers?
Ar iu mai frend or zi frend au zi taiguers?
¿Eres tú mi amigo o el amigo del tigre?

***Used to* indica el imperfecto**

El empleo de *used to* seguido por el infinitivo corresponde al imperfecto en español, expresando costumbre o acción repetida en el pasado.

When I was young, I used to go to the movies every Saturday. = Cuando yo era joven iba al cine todos los sábados. *She used to live in Argentina.* = Ella vivía en Argentina.

***Used to* indica "acostumbrado a"**

También *used to* indica ''acostumbrado a'' con o sin un verbo que sigue.

I'm used to getting up at 6 in the morning. = Estoy acostumbrado a levantarme a las seis de la mañana.

He's getting used to life in America. = Se está acustombrando a la vida en América.

Fíjese en la distinción entre *used* + el infinitivo, indicando el imperfecto y *used to,* significando "acostumbrado a".

Another kind of supposition
Anózer caind av saposishun
Otra clase de suposición

deals with events that never happened
dilzz uiz ivénts zaet néver jáepend
tiene que ver con acontecimientos que nunca sucedieron

but that might have happened:
bat zaet mait jaev jáepend:
pero que hubieran podido suceder:

If Queen Isabella had not aided Columbus,
Iff Cuin Izzabela jaed not éyded Colambas,
Si la reina Isabel no hubiera ayudado a Colón,

who would have discovered the New World?
ju uúd jaev discáverd zi Nieu Uerld?
¿quién habría descubierto el Nuevo Mundo?

If scientists had not been able to split the atom,
Iff sáientists jaed nat bin ébil tu split zi áetom,
Si los científicos no hubieran podido desintegrar el átomo,

would the world be a better place to live today?
uúd zi uerld bi e béter plais tu liv tudéi?
¿sería el mundo hoy un lugar mejor para vivir?

Suposiciones sobre cosas que no ocurrieron
El primer ejemplo ilustra una suposición contraria a la realidad, puesto que sabemos que Colón efectivamente era el primero que oficialmente descubrió el Nuevo Mundo. Con tal

género de condicional se combina el futuro perfecto (con "si") con el pluscuamperfecto.

El segundo ejemplo usa siempre el pluscuamperfecto pero combina el segundo verbo con "*would*", puesto que éste se refiere a hoy, a la actualidad.

CONVERSACIÓN AL INSTANTE: ¿QUÉ HARÍA UD. SI GANARA LA? LOTERÍA

—What would you do if you won
Uat uúd iu du iff iu uon
¿Qué haría si ganara

the big prize in the lottery?
zi bigg praizz inn zi láteri?
el gran premio de la lotería?

—The first thing would be
Zi ferst zing uúd bi
Lo primero sería

to buy a bigger house.
tu bai e bíguer jaus.
comprar una casa más grande.

That would make my wife happy.
Zaet uúd meik mai uaif japi.
Eso haría feliz a mi esposa.

Then I would buy a new car.
Zen ai uúd bai e niu car.
Luego compraría un nuevo auto.

That would make me happy.
Zaet uúd meik mi japi.
Eso me haría feliz a mí.

Then we would take a trip
Zen ui uúd teik a tripp
Luego haríamos un viaje

around the world.
araund zi uerld.
alrededor del mundo.

We would visit the places
Ui uúd vízzit zi pleises
Visitaríamos los lugares

we have always wanted to see.
ui jæv olueis uánted tu si.
que hemos deseado siempre ver.

After that we would come back here
Aéfter zaet ui uúd cam bæc jíer
Después de eso volveríamos aquí

to enjoy our new house.
tu endchói aur niu jaus.
para gozar de nuestra nueva casa.

—Would you keep on working?
Yúd iu kip an uérking?
Y¿continuaría trabajando?

—No way! I would retire.
No uei! Ai uúd ritair.
¡Ni modo! Me retiraría.

Then I could play golf
Zen ai cud plei galf
Entonces podría jugar al golf

or do whatever I wanted.
or du uotéver ai uánted.
o hacer cualquier cosa que me diera la gana.

—That would be the ideal life, wouldn't it?
Zat uúd bi zi aidíil laif, uúdent itt?
Eso sería la vida ideal, ¿no es verdad?

Let's go and buy some tickets now!
Lets go aend bia sam tikets nau!
¡Vamos a comprar algunos billetes ahora!

The following week:
Zi fáloing uik:
La semana siguiente:

—How did it go?
Jau didd itt go?
¿Cómo le fue?

—I had no luck! Although I bought
Ai jæd no lac! Olzo ai bot
¡No tuve suerte alguna! A pesar de haber comprado

a dozen tickets
e dázzen tiquets
una docena de billetes

I didn't win anything at all!
ai dídent uin énizing aet ol!
¡no gané nada en absoluto!

—Neither did I.
Náizer didd ai.
Ni yo tampoco.

But after all, if you had won a lot of money
But æfter ol, iff iu jæd upon e lat av moni
Pero después de todo, si hubiera ganado mucho dinero

probably it would all be gone in a short time.
prábebli itt uúd ol bi gon inn e short taim.
se le habría ido todo en poco tiempo.

—Maybe. But at least
Meibi. Bat æt list
Quizá. Pero por lo menos

I would have had the pleasure
ai uúd jæv jæd zi pléisiur
hubiera tenido el gusto

of spending it.
av spénding itt.
de gastarlo.

El gerundio
El gerundio generalmente se usa en inglés donde el español usaría el infinitivo:

The joy of living. = La alegría de vivir. *The advantages of knowing English* = Las ventajas de saber inglés. *The danger of careless driving.* = El peligro de manejar sin cuidado.

¡PÓNGASE A PRUEBA!

Traduzca las siguientes frases al inglés, contando 10% por cada traducción correcta. Si hay alguna palabra de la cual no se acuerda, búsquela en el diccionario, que empieza en la página 225.

1. Si él quiere ser médico debe ir a la universidad.

___

2. Si sube la bolsa, la gente será feliz.

___

3. Si nuestro equipo gana el partido, daremos una fiesta.

___

Traduzca las frases siguientes al español.

4. If he had enough money, he would buy a yacht.

___

5. If I were in your place, I would look for a new job.

___

6. What would you do if you won the lottery?

___

7. If the automobile had not been invented, would we still travel by horse?

___

8. What would have happened if Phillip II had been able to conquer England?

___

Traduzca las frases siguientes al inglés.

9. Yo vivía en México cuando era joven.

____

10. Estoy acostumbrado a acostarme a las diez.

____

RESULTADO: ________%

Contestaciones: 1. If he wants to be a doctor, he must go to the university. 2. If the stock market goes up people will be happy. 3. If our team wins the game we will give a party. 4. Si tuviera suficiente dinero, compraría un yate. 5. Si yo estuviera en su lugar, buscaría un nuevo empleo. 6. ¿Qué haría Ud. si ganara la lotería? 7. Si el automóvil no hubiese sido inventado, ¿viajaríamos todavía a caballo? 8. ¿Qué habría ocurrido si Felipe II hubiera podido conquistara Inglaterra? 9. I used to live in Mexico when I was young. 10. I'm used to going to bed at ten o'clock.

paso 22 LEYENDO INGLÉS

Some advice to help you when you read English.
Unos consejos para ayudarle a leer inglés.

Business letters are written
Las cartes comerciales se escriben

in a very polite style
en un estilo muy cortés

with frequent use of the auxiliary verbs
usando frecuentemente los verbos auxiliares

like "would", "should", "could" (and "might")
como "sería", "debería", "podría"

with indirect requests and suppositions.
con peticiones indirectas y suposiciones.

Dear Sir:
Muy señor mío:

We would be grateful
Le estaríamos muy agradecidos

if you could kindly send us
si tuviera la bondad de mandarnos

your latest catalog and price list.
su último catálogo y lista de precios.

We would appreciate your answering
Agradeceríamos nos contestara

as soon as possible
lo más pronto posible

as we might be interested in placing
puesto que podríamos estar interesados en colocar

an important order with your company.
una orden importante con su compañía.

We thank you in advance.
Le agradecemos de antemano.

Very truly yours,
De Ud. muy atentamente,

Correspondencia de negocios
Si escribe a varias personas, como, por ejemplo, a una compania, puede empezar con Gentlemen, Dear Sir, o Dear Madam.
Escribiendo a una individio se usa
Dear Mr.__________ (apellido)
Dear Mrs.__________ (apellido)
Dear Miss__________ (apellido)
Se puede tambien usar para una dama
Dear Ms.__________ (apellido)
sin concretar su estado matrimonial.

When reading newspapers
Al leer los periódicos

you will notice that the headlines
notará que los titulares

are often brief and idiomatic.
son a menudo breves e idiomáticos.

For example, to understand
Por ejemplo, para comprender

1. **REDSKINS MASSACRE COWBOYS**
2. **RACKET BOSS INDICTED**
3. **DOW JONES TAKES A DIVE**

one must have a certain knowledge
debe tener uno cierto conocimiento

of daily life and local events.
de la vida diaria y de acontecimientos locales.

Idiotismos populares
1. Aunque diga textualmente que los Pieles Rojas han masacrado a los vaqueros, indica simplemente la victoria de un equipo de fútbol sobre otro.

2. No tiene que ver con raqueta de tenis. *Racket* es explotación criminal, *boss* es jefe (de pandilla) o cacique, y *indicted* significa que ha estado legalmente acusado.

3. No se trata de zambullirse sino de descender rápidamente, pues Dow Jones es el índice de las acciones principales de Wall Street que a veces bajan y otras veces suben.

Al ver algo en los periódicos que no entiende, no vacile en preguntar a un amigo qué es lo que quiere decir, informándose así de los modismos populares a medida que los encuentra.

There are some outstanding examples
Hay ejemplos sobresalientes

in classic English literature
en la clásica literatura inglesa

that are familiar to almost all
que son conocidos por casi todas

English-speaking persons
las personas de habla inglesa

throughout the world.
en todo el mundo.

The following quotation
La cita siguiente

from the works of Shakespeare
de las obras de Shakespeare

illustrates the indecision and doubt
ilustra la indecisión y la duda

that afflict Hamlet:
que afligen a Hamlet:

> To be, or not to be:
> Ser o no ser:
>
> That is the question:
> Ésa es la cuestión:

Whether 'tis nobler in the mind to suffer
¿Si es más noble en el espíritu sufrir

The slings and arrows of outrageous fortune
Las hondas y flechas de la fortuna atroz

Or to take arms against the sea of troubles,
O armarse contra la mar de apuros,

And by opposing end them?
Y oponiéndolos terminarlos?

One of the most famous quotations
Una de las más famosas citas

of the English language
de la lengua inglesa

comes from a speech given
viene de un discurso pronunciado

by Abraham Lincoln at Gettysburg,
por Abraham Lincoln en Gettysburg,

site of the decisive battle
sitio de la batalla decisiva

of the American Civil War.
de la Guerra Civil Norteamericana.

The following excerpt illustrates
El ejemplo siguiente ilustra

the simplicity, rhythm and power of his style.
la sencillez, el ritmo y la fuerza de su estilo.

. . . that we highly resolve that these dead
. . . que resolvamos con alteza que estos muertos

shall not have died in vain;
no hayan muerto en vano;

that the nation shall, under God,
que esta nación tenga, bajo Dios,

have a new birth of freedom;
un nuevo nacimiento de libertad;

and government of the people,
y que (el) gobierno del pueblo,

by the people, for the people
por el pueblo, para el pueblo

shall not perish from the earth.
no desaparezca de este mundo.

Everything that you read in English
Todo lo que Ud. lee en inglés

will increase your knowledge
aumentará sus conocimientos

and, at the same time,
y, al mismo tiempo,

will be a source of pleasure,
será una fuente de placer,

information or of amusement
de información o de diversión.

But the most important thing
Pero lo más importante

is to speak and listen to others speak
es hablar y escuchar hablar a otras personas

because in order to speak a language well
porque para hablar bien un idioma

it is most important to practice it
es importantísimo practicarlo

at every opportunity.
en toda ocasión.

UD. CONOCE MÁS INGLÉS DE LO QUE UD. CREE

Hasta ahora se ha familiarizado Ud. con los elementos esenciales para hablar inglés. Sin embargo encontrará, al leer libros, revistas y periódicos en inglés, muchas palabras que no están incluidas en este libro. A pesar de esto tendrá cierta facilidad en su comprensión de palabras nuevas debido al hecho de que hay muchísimas palabras en inglés parecidas a las españolas en cuanto al significado y *casi* en la ortografía.

Esto ocurre porque el español pertenece al grupo de lenguas romances, lo que quiere decir que es descendiente del latín, la lengua de la Roma antigua, como lo son el italiano, el francés, el portugués, el catalán y varios otros idiomas. Gran parte del vocabulario del idioma inglés, tal vez más de 40%, proviene del latín y del francés debido a la conquista normando-francesa de Inglaterra en la época medieval. Por esta razón tiene muchísimas palabras en común con el español. Así es que encontrará, a medida que Ud. va progresando en inglés, que existen miles de palabras que casi son iguales o muy parecidas a las españolas. Desde luego, tiene que acostumbrarse a la pronunciación inglesa de estas palabras, y también a la énfasis dada a la sílaba acentuada.

Así es que al leer una nueva materia en inglés o al escuchar el inglés hablado, sea en la televisión, el cine, la radio, o por otras personas en el trato diario, encontrará a cada paso palabras que quizá no habrá estudiado pero que *ya conoce.* Si Ud. tiene un diccionario en los dos idiomas, concéntrese en la sección inglés-español a fin de construir sus propias frases subordinando generalmente la sección español-inglés. Trate de aprender el significado de las palabras y la construcción de las frases por el contexto y su propia iniciativa — y, sobre todo, lea el inglés en voz alta cada vez que pueda. Sugerimos que grabe materia inglesa leída con su propia voz en "cassettes" y que luego compare los resultados diariamente. En relativamente poco tiempo quedará sorprendido por la rapidez y facilidad que habrá adquirido, tal como si estuviera hablando su propio idioma materno.

DICCIONARIO ESPAÑOL-INGLÉS

Este diccionario no sólo contiene las palabras usadas en el texto precedente sino también otras que completarán su vocabulario corriente e idiomático. Se ha calculado que la mayoría de las personas emplean menos de 2000 palabras o expresiones en su trato diario en cualquier idioma. En este diccionario, encontrará Ud. más de 2800 palabras que han sido escogidas basándose en la frecuencia de su uso.

Nótese:

1. Para el plural de los substantivos se añade una "s". La formación de las pocas excepciones está indicada donde aparece la palabra en la lista.
2. En el caso de la mayoría de los verbos el pasado y el participio pasivo son iguales, y damos sólo la forma del pasado.

(to) walk	walked	(walked)
caminar	caminé (etc.)	(caminado)
	caminaba (etc.)	

3. Para las numerosas excepciones, hemos indicado las tres formas:

(to) see	saw	seen
ver	vi, veía, (etc.)	visto

indicando las otras dos entre paréntesis.

4. Cuando se trata de un verbo que se combina frecuentemente con una preposición, como los verbos *go, get, take, put, come,* etc. detallamos sus tres formas verbales sólo al aparecer el verbo en su lugar correspondiente en el diccionario.
5. Por lo general, los adjetivos se pueden convertir en adverbios añadiendo *-ly.*

adjetivo	correct	correcto
adverbio	correctly	correctamente

6. Dado que los nombres de los países no varían mucho entre el inglés y el español, exceptuando Inglaterra (England) y Ale-

mania (Germany), incluimos en el diccionario sólo las principales nacionalidades, que también frecuentemente son iguales a los idiomas respectivos.

7. Cuando existen dos significados bastante diferentes para una palabra, damos los dos, separados por una coma. Esto servirá para incrementar su comprensión de las palabras que verá u oirá en inglés.

A

abierto open
abogado lawyer
aburrido boring
abrazar *(to)* embrace *(embraced)*
abrazo hug
abrelatas can opener
abrigo coat
abril April
abrir *(to)* open *(opened)*
absolutamente absolutely
abuela grandmother
abuelo grandfather
acá here
acabar *(to)* finish
acabar de *(to)* have just
academia academy
acaso perhaps
acción action, stock share
accidente accident
aceite oil
aceituna olive
acelerador accelerator
acento accent
aceptar *(to)* accept
acera sidewalk
acerca de about
ácido acid
acompañar *(to)* accompany *(accompanied)*
acostarse *(to)* go to bed
acostumbradoa accustomed to
acta *(legal)* deed
activo active
acto act
actor actor
actriz actress
actual present
(por) **adelantado** in advance
¡adelante! come in!
(por) **adelante** in advance
además besides
adentro inside
adiós goodbye
adivinar *(to)* guess *(guessed)*
adjetivo adjective
admiración admiration
admirar *(to)* admire *(admired)*
admitir *(to)* admit *(admitted)*
¿adónde? where? to where?
adulto adult
adverbio adverb
advertencia warning
aeroplano airplane
aeropuerto airport
afecto affection
afectuoso affectionate
afeitar *(to)* shave *(shaved)*
aficionado fan
afortunadamente fortunately
afortunado fortunate
africano African

afuera outside
agencia agency
agente agent
agente de policía policeman
agosto August
agradable pleasant
agradecer *(to)* thank *(thanked)*
agradecido grateful
agrio sour
agua water
aguacate avocado
aguacero shower
agudo sharp
águila eagle
agujero hole
ahora now
aire air
ajedrez chess
ajo garlic
al to the
al aire libre outdoors
al menos at least
ala wing
alambre wire
alarma alarm
alcalde mayor
alcanzar *(to)* reach *(reached)*
alcohol alcohol
alegre joyful
alegría joy
alemán German
alfabeto alphabet
alfiler pin
alfombra rug
algo something, anything
algodón cotton
alguien anybody, somebody
alguna parte somewhere
algunas veces sometimes
alguno any
alimento food
allá, allí there
almendra almond
almirante admiral
almohada pillow
almuerzo lunch
alquilar *(to)* rent *(rented)*
alrededor around
alrededores surroundings
¡alto! halt!
alto tall, high
alumno student
amable kind
amar *(to)* love *(loved)*
amargo bitter
amarillo yellow
ambos both
ambulancia ambulance
ameno pleasant
americano American
amigo friend
amistad friendship
amor love
ancho wide
andar *(to)* walk *(walked)*
angosto narrow
anillo ring
animal animal
anoche last night
ansioso anxious
anteojos glasses
anterior former
antes before
anticipación anticipation
antiguo ancient
anuncio advertisement
año year
aparecer *(to)* appear *(appeared)*

apartamiento apartment
apellido last name
apenado embarrassed
apetito appetite
aplazar *(to)* postpone *(postponed)*
apreciar *(to)* appreciate *(appreciated)*
aprender *(to)* learn *(learned)*
apretado tight
aprobado approved
aprobar *(to)* approve *(approved)*
apropriado appropriate
aproximadamente approximately
apurarse *(to)* hurry *(hurried)*
aquel that
aquellos those
aquí here
árabe Arab, arabic
araña spider
árbol tree
arco arch
arena sand
aretes earrings
argentino Argentine
armada navy
armario closet
arquitecto architect
arreglar *(to)* arrange *(arranged)*
arrendar *(to)* rent *(rented)*
arrestar *(to)* arrest *(arrested)*
arriba above, up
arrojar *(to)* throw *(threw, thrown)*
arroz rice
arte art
artículo article
artificial artificial
artista artist
asado roast
ascender *(to)* go up *(went, gone)*
ascensor elevator
asegurar *(to)* insure *(insured)*, *(to)* assure *(assured)*
asesinato murder
así like this, thus
asiento seat
asistente assistant
asistir *(to)* assist *(assisted)*, *(to)* attend *(attended)*
asociado associate
áspero rough
asustar *(to)* frighten *(frightened)*
atención attention
atento courteous
aterrizar *(to)* land *(avión)* *(landed)*
atlántico Atlantic
atómico atomic
atractiva attractive
atravesar *(to)* cross *(crossed)*
aún yet, still
aunque although
ausente absent
australiano Australian
auténtico authentic
auto auto, car
autor author
autoridad authority
avanzar *(to)* advance *(advanced)*
avenida avenue
aventura adventure
avergonzado ashamed
aviación aviation

avión plane, airplane
aviso notice
ayer yesterday
ayudar *(to)* help *(helped)*
azúcar sugar
azul blue

B

bacalao codfish
bahía bay
bailar *(to)* dance *(danced)*
baile dance
bajar *(to)* lower *(lowered)*, *(to)* go down *(went down)*
bajo low
bala bullet
balanza scale
balcón balcony
ballena whale
banana banana
banco bank
bandera flag
bandido bandit
bañarse *(to)* bathe *(bathed)*
baño bath
bar bar
baraja pack of cards
barato inexpensive, cheap
barba beard
barbería barber shop
barco ship
barrer *(to)* sweep *(swept)*
barrio district
bastante enough
basura garbage
batalla battle
batería battery
baúl trunk
beber *(to)* drink *(drank, drunk)*
belleza beauty
bello beautiful
beneficio profit
besar *(to)* kiss *(kissed)*
beso kiss
bicicleta bicycle
bien well
  está bien all right
  muy bien very well
bienvenido welcome
bigote moustache
billete *(entrada)* ticket, *(dinero)* bill
blanco white
blando soft
blusa blouse
boca mouth
boda wedding
boliviano Bolivian
bolsa handbag
bolsillo pocket
bomba pump, bomb
bomba atómica atom bomb
bombilla electric bulb
bombón candy
bondad kindness
bonito pretty
borde edge
borracho drunk
bosque wood, forest
botella bottle
botón button
brasileño Brazilian
brazo arm
broma joke
bueno good
  buenos días good morning, good day
  buenas noches good evening, good night

buenas tardes good afternoon
bufanda scarf
bujía candle, spark plug
buscar *(to)* look for *(looked)*

C

caballero gentleman
caballo horse
cabeza head
cacahuete peanut
cada each, every
cada uno each one
caer *(to)* fall *(fell, fallen)*
café coffee
caída fall
caja box
caja fuerte safe
cajero cashier
cajón drawer
calcetín sock
calendario calendar
calentar *(to)* heat *(heated)*
calidad quality
caliente hot
calle street
calma calm
¡Cálmese! Calm down!
calor heat
caluroso warm
cama bed
cámara camera
camarera chambermaid, waitress
camarero waiter
camarón shrimp
camarote cabin, stateroom
cambiar *(to)* change *(changed)*
cambio change
camello camel
caminar *(to)* walk *(walked)*
camino road
camión truck
camisa shirt
campana bell
campesino farmer
campo countryside
campo field
canadiense Canadian
canal canal
canasta basket
canción song
cangrejo crab
cansado tired
cantar *(to)* sing *(sang, sung)*
cantidad quantity
capaz capable
capilla chapel
capital capital
cara face
¡Caramba! Good heavens!
carbón coal
carburador carburetor
cárcel jail
cardinal cardinal
carga load, freight
cargar *(to)* load *(loaded)*
carne meat
carne de res beef
carnero sheep
caro expensive
carrera race, career
carretera highway
carta letter
cartera wallet
casa house
casado married
casarse *(to)* get married
casi almost

castellano Castilian, Spanish
castigar *(to)* punish
castillo castle
catarro cold
catedral cathedral
católico Catholic
catorce fourteen
caucho rubber
cazar *(to)* hunt
cebolla onion
cena dinner
cenar *(to)* have dinner
centavo cent
centro center
cepillar *(to)* brush
cepillo brush
cepillo de dientes toothbrush
cerca close, near
cerebro brain
cero zero
cerrado closed
cerrar *(to)* close *(closed)*
certificado certificate
certificar *(to)* register *(registered)*
cerveza beer
cielo heaven, sky
cielo raso ceiling
ciento hundred
ciencia science
científico scientist, scientific
cierto certain
cigarrillo cigaret
cima peak
cinco five
cincuenta fifty
cine movies, cinema
cinta ribbon
cinturón belt
círculo circle
ciruela plum
cita appointment, date
ciudadano citizen
claro clear
cobre copper
coche car, coach
coger *(to)* catch *(caught), (to)* take *(took, taken)*
cola tail
colegio high school
collar necklace
colombiano Colombian
color color
comandante major
comedor dining room
comenzar *(to)* commence *(commenced)*
comer *(to)* eat *(ate, eaten)*
comerciante business person
cómico funny
comida dinner, meal, food
como as, how, like
comodidad comfort
cómodo comfortable
compañero friend, companion
compañía company
comparación comparison
componer *(to)* repair *(repaired)*
compra purchase
comprar *(to)* buy *(bought)*
comprender *(to)* understand *(understood)*
¿Comprende? Do you *(does he, she)* understand?
No comprendo I don't understand
comprobante check
comprobar *(to)* check *(checked)*
comprometido engaged

computadora computer
común common
comunicar *(to)* communicate *(communicated)*
comunista communist
con with
concierto concert
condición condition
conejo rabbit
conferencia lecture, conference
confuso confused
congelado frozen
congreso congress
conmigo with me
conocer *(to)* know *(knew, known)*
conocido acquaintance
conseguir *(to)* get *(got, gotten)*
consejo advice
considerar *(to)* consider *(considered)*
consigo with himself *(yourself, herself, oneself)*
construir *(to)* construct *(constructed)*
cónsul consul
consulado consulate
contagioso contagious
contar *(to)* count *(counted)*
contener *(to)* contain *(contained)*
contento content
contestación answer, reply
contestar *(to)* answer *(answered)*
continente continent
continuar *(to)* continue *(continued)*
contra against
contrario contrary
convenido agreed
conveniente convenient
conversación conversation
copa glass
copia copy
corazón heart
corbata necktie
cordero lamb
correa belt
correctamente correctly
correcto correct
corredor, corridor stock broker
correo post office, mail
correr *(to)* run *(ran)*
corrida de toros bullfight
corriente de aire draft, current
cortar *(to)* cut *(cut)*
cortés courteous, polite
corto short
cosa thing
coser *(to)* sew *(sewed, sewn)*
costa coast
costar *(to)* cost *(cost)*
costarricense Costa Rican
costo cost
costoso expensive
costumbre custom
creer *(to)* believe *(believed)*
crema cream
criada maid
criado servant
cristiano Christian
cruce crossroads
cruz cross
cruzar *(to)* cross *(crossed)*
cuadra block
¿cuál? which?
cualquiera any one
cuando when

cuanto how much
cuantos how many
cuarenta forty
cuarto fourth
cuarto *(habitación)* room
cuarto de baño bathroom
cuatro four
cuatrocientos four hundred
cubano Cuban
cubierta deck
cubierto covered
cucaracha cockroach
cuchara spoon
cucharita teaspoon
cuchillo knife
cuello neck, collar
cuenta bill, check
(darse) cuenta de *(to)* realize *(realized)*
cuerda string, rope
cuero leather
cuerpo body
cuidado care
¡cuidado! look out!
cuidar *(to)* take care of *(took, taken)*
culebra snake
culpa fault
cumpleaños birthday
cumplido compliment
cura priest
curioso curious
cuyo whose
champaña champagne
champú shampoo
chapa license plate
chaqueta jacket, sweater
cheque check
chicle chewing gum
chico little, small
chileno Chilean
chino Chinese
chisme gossip
chiste joke
chocolate chocolate
chófer chauffeur
choque collision, shock
chorizo sausage
chuleta chop

D

dama lady
dañado damaged
daño damage
dar *(to)* give *(gave, given)*
de of, from
  de pie standing
  de prisa fast
  de repente suddenly
debajo under
deber *(to)* owe *(owed)*
debidamente properly
débil weak
decidir *(to)* decide *(decided)*
decir *(to)* say *(said)*, *(to)* tell *(told)*
declarar *(to)* declare *(declared)*
dedo *(mano)* finger
dedo *(pie)* toe
dejar *(to)* leave *(left)*, *(to)* allow *(allowed)*
del of the, from the
de la of the, from the
delante in front
delgado thin
demasiado too, too much
deme give me
demora delay
dentista dentist
dentro inside

deporte sport
depositar *(to)* deposit
derecho right, straight
desagradable unpleasant
desarrollar *(to)* develop
desayunarse *(to)* have breakfast
desayuno breakfast
descansar *(to)* rest *(rested)*
descompuesto out of order
describir *(to)* describe
descuento discount
descuido carelessness
desde since, from
desear *(to)* desire *(desired)*
desengaño disappointment
deseo wish
desgracia misfortune
desgraciado unfortunate
desierto desert
desmayarse *(to)* faint *(fainted)*
desnudo bare, naked
desocupado unemployed
despacio slowly
despedir *(to)* dismiss *(dismissed)*
despedirse *(to)* take leave of
despertador alarm clock
despertar *(to)* wake up *(woke, woken)*
despierto awake
desprender unfasten
después afterward, later
después de after
desvestirse *(to)* undress *(undressed)*
desvío detour
detalle detail
detener, detenerse *(to)* stop *(stopped)*
detrás behind
detrás de in back of
de veras indeed
día day
  día de trabajo working day
  día feriado holiday
diablo devil
diamante diamond
diario newspaper, *(adj.)* daily
dibujar *(to)* draw *(drew, drawn)*
diccionario dictionary
diciembre December
dictado dictation
dichoso fortunate, happy
diecinueve nineteen
dieciocho eighteen
dieciséis sixteen
diecisiete seventeen
diente tooth
diez ten
diferencia difference
diferente different
difícil difficult
dimensión dimension
dinero money
Dios God
dirección direction, address
directamente directly
directo direct
director director
dirigir *(to)* direct
disco record
disculpa apology, excuse
discurso speech
diseño design
disgustar *(to)* displease *(displeased)*
disparar *(to)* shoot *(shot)*
disparate nonsense
dispensar *(to)* excuse *(excused)*

¡Dispénseme! Excuse me!
disponible available
dispuesto willing
disputar *(to)* dispute *(disputed)*
distancia distance
distinto different
distraído absent minded
distrito district
diversión amusement
divertido entertaining
divertirse *(to)* amuse oneself *(amused)*
dividir *(to)* divide *(divided)*
divorciado divorced
doble double
doce twelve
docena dozen
doctor doctor
documento document
doler *(to)* hurt *(hurt)*
dolor ache, pain
doloroso painful
domicilio residence
domingo Sunday
donde where
dondequiera wherever
dormido asleep
dormir *(to)* sleep *(slept)*
dormitorio bedroom
dos two
doscientos two hundred
dosis dose
droga drug
ducha shower *(baño)*
duda doubt
duende ghost
dueño owner
dulce sweet
durante during
durar *(to)* last *(lasted)*
durazno peach
duro hard

E

ecuador *(línea)* equator
ecuatoriano Ecuadorian
echar *(to)* throw *(threw, thrown)*
edad age
edificar *(to)* build *(built)*
edificio building
educación education
educado well-mannered
efectivo cash
efecto effect
ejemplo example
ejercicio exercise
ejército army
el the
él he
elástico elastic
elección choice
eléctrico electric
elefante elephant
elegante elegant
elegir *(to)* choose *(chose, chosen)*
ella she
ellos, ellas they
embajada embassy
embajador ambassador
embalaje packing
embarque shipment
emergencia emergency
emoción emotion
empaquetar *(to)* pack *(packed)*
empezar *(to)* begin *(began, begun)*
empleado employee

empleo job
empujar *(to)* push *(pushed)*
en in, at, into, on
en todo caso in any case
encaje lace
encantado delighted
encantador charming
encargado person in charge
encender *(to)* light *(lit)*
encima above, on top, on
encontrar *(to)* meet *(met), (to)* find *(found)*
encuentro meeting
enemigo enemy
energía energy
enero January
enfermedad illness, sickness
enfermera nurse
enfermo ill, sick
engañar *(to)* deceive *(deceived)*
engaño trick
engordar *(to)* get fat *(got, gotten)*
engrasar *(to)* grease
enojado angry
ensalada salad
ensayar *(to)* try *(tried), (to)* rehearse *(rehearsed)*
enseguida immediately
enseñar *(to)* teach *(taught)*
entender *(to)* understand *(understood)*
enteramente entirely
entero entire, whole
entierro funeral
entonces then
entrada entrance, admission
entrar *(to)* enter *(entered), (to)* go in, *(to)* come in
¡entre! come in!
entre between, among
entreacto intermission
entregar *(to)* deliver *(delivered)*
entrevista interview
enviar *(to)* send *(sent), (to)* ship *(shipped)*
envolver *(to)* wrap *(wrapped)*
equipaje baggage
equipo equipment
equivocado mistaken, wrong
era was, were
error error
es is
esa, ese, eso that
esas, esos those
escalera stairs
escalera *(de mano)* ladder
escape leak
escaso scarce
escocés Scotch
escoger *(to)* choose *(chose, chosen)*
escribir *(to)* write *(wrote, written)*
escuchar *(to)* listen *(listened)*
escuela school
esmeralda emerald
espacio space
espada sword
espalda back
español Spanish
esparadrapo adhesive tape
espárrago asparagus
especial special
especialidad specialty
espectáculo show, spectacle
espejo mirror

esperanza hope
esperar *(to)* wait for *(waited),* *(to)* hope *(hoped)*
espeso thick
espina spine, thorn
espinaca spinach
espléndido splendid
esposa wife
esposo husband
esquina corner
esta this
está is, are
estaba was, were
estación *(tren)* station, *(año)* season
estacionar *(to)* park *(parked)*
estado state
estamos we are
estampilla stamp
estar *(to)* be
estas, estos these
estatua statue
este east
este this
estilo style
esto this
estómago stomach
estos these
estoy I am
estrecho narrow
estrella star
estudiar *(to)* study *(studied)*
europeo European
evidente evident
evitar *(to)* avoid *(avoided)*
exacto exact
examen examination
examinar *(to)* examine *(examined)*
excelente excellent
excepto except
excursión excursion
excusa excuse
excusado excused, toilet
éxito success
explicar *(to)* explain *(explained)*
exportar *(to)* export *(exported)*
exposición exhibition
expreso express
extra extra
extranjero foreign, foreigner
extraño strange

F

fábrica factory
fácil easy
fácilmente easily
falda skirt
falso false
faltar *(to)* lack *(lacked)*
familia family
familiar familiar
farmacia drugstore, pharmacy
favor favor
favorito favorite
febrero February
fecha date
felicitaciones congratulations
felicitar *(to)* congratulate *(congratulated)*
feliz happy
feo ugly
ferrocarril railroad
fiebre fever
fiesta party
fijo fixed

filete steak
filipino filipino
fin end
final final
finca farm
firma signature, company
firmar *(to)* sign *(signed)*
flojo loose
flor flower
fondo bottom
forma form
formal formal
fórmula formula
fósforo match
foto photograph
fotógrafo photographer
francés French
franco frank
franqueo postage
frazada blanket
frasco bottle
frase sentence
frecuentemente frequently
freno brake
frente front, forehead
fresa strawberry
fresco fresh
frijol bean
frío cold
frito fried
frontera border
fruta fruit
fuego fire
fuente fountain
fuera outside
fuerte strong
fuerza power
fumar *(to)* smoke *(smoked)*
función function, performance
funcionar *(to)* function *(functioned), (to)* work *(worked)*
fusil gun
futuro future

G

gafas glasses
galleta cracker
ganado cattle
ganar *(to)* win *(won)*
ganga bargain
garaje garage
garantizado guaranteed
gas gas
gasolina gasoline, petrol
gastar *(to)* spend *(spent)*
gastos expenses
gato cat
general general
generalmente generally
generoso generous
gente people
geografía geography
gerente manager
gimnasio gymnasium
gobierno government
golf golf
golpe blow
gordo fat
gota drop
grabadora tape recorder
gracias thanks
gracioso funny
grado grade
gran, grande large, big, great
grasa grease
griego Greek
gris gray

gritar *(to)* shout *(shouted)*
grito shout
grosero rude
grueso thick
guante glove
guapo good-looking
guardar *(to)* keep *(kept), (to)* guard *(guarded)*
guatemalteco Guatemalan
guerra war
guía guide
guisante pea
guitarra guitar
gustar *(to)* like *(liked, (to)* please *(pleased)*
gusto pleasure

H

haber *(to)* have *(had)* verbo auxiliar
había there was, there were
habichuelas string beans
habitante inhabitant
hablar *(to)* talk *(talked), (to)* speak *(spoke, spoken)*
hacer *(to)* do *(did, done), (to)* make *(made)*
hacia toward
hacienda farm, property
haitiano Haitian
hambre hunger
hasta until, up to
hasta luego so long
hay *(sing.)* there is, *(plur.)* there are
  no hay there isn't any, there are not any
hecho made, done
hecho a mano hand made
helado ice cream
herida wound, cut
hermana sister
hermano brother
hermoso beautiful
hervir *(to)* boil *(boiled)*
hielo ice
hierba grass
hierro iron
hígado liver
hija daughter
hijo son
hilo thread
hispano-americano Spanish-American
historia story, history
hoja leaf
¡Hola! Hello!
holandés Dutch
hombre man *(pl. men)*
hombro shoulder
hondureño Honduran
hongo mushroom
honor honor
honrado honest
hora hour
  ¿A qué hora? At what time?
  ¿Qué hora es? What time is it?
horario schedule
horno oven
hospital hospital
hotel hotel
hoy today
hueso bone
huevo egg
humano human

humo smoke
húngaro Hungarian
huracán hurricane

I

ida departure
ida y vuelta round trip
idea idea
idéntico identical
identificación identification
idioma language
idiota idiot
iglesia church
igual equal
ilegal illegal
ilustración illustration
imaginación imagination
imitación imitation
impermeable raincoat
importado imported
importante important
importar *(to)* import *(imported), (to)* matter *(mattered)*
imposible impossible
impuesto tax
incidente incident
incluido included
incluir *(to)* include *(included)*
incómodo uncomfortable
incompleto incomplete
inconveniente inconvenient
independencia independence
independiente independent
indicar *(to)* indicate *(indicated)*
indigestión indigestion
indio Indian
individuo individual
industria industry
infección infection
infierno hell
información information
ingeniero engineer
inglés English
injusto unfair
inmediatamente immediately
inmigración immigration
inocente innocent
insecto insect
insistir *(to)* insist *(insisted)*
inspeccionar *(to)* inspect *(inspected)*
inspector inspector
instante instant
institución institution
instrucción instruction
instructor instructor
instruir *(to)* instruct *(instructed)*
inteligente intelligent
intención intention
interesante interesting
interior interior
internacional international
interpretar *(to)* interpret *(interpreted)*
intérprete interpreter
intestinos intestines
introducción introduction
inundación flood
inútil useless
investigar *(to)* investigate *(investigated)*
invierno winter
invitación invitation
invitado guest
invitar *(to)* invite *(invited)*

inyección injection
ir *(to)* go *(went, gone)*
irlandés Irish
irse *(to)* go away
israelí Israeli
italiano Italian
izquierdo left
  a la izquierda to the left

J

jabón soap
jamón ham
japonés Japanese
jardín garden
jarro jar
jerez sherry
joven young, young person
joya jewel
judío Jew, Jewish
juego game
jueves Thursday
juez judge
jugador player, gambler
jugar *(to)* play *(played), (to)* gamble *(gambled)*
jugo juice
juguete toy
julio July
junio June
junta board, governing committee
junto near, close
juntos together, joined
jurado jury
jurar *(to)* swear *(swore, sworn)*
justicia justice
justo just
juventud youth

K

kilo kilogram
kilómetro kilometer

L

la the, her, it, you
labio lip
lado side
  al lado beside
ladrón thief
lago lake
lamentar *(to)* regret *(regretted)*
lámpara lamp
lana wool
langosta lobster
lanzar *(to)* throw *(threw, thrown)*
lápiz pencil
largo long
las the, them, you
(¡Qué) lástima! What a pity!
lata can, tin
latino Latin
lavandera laundress
lavandería laundry
lavar *(to)* wash *(washed)*
lavarse *(to)* wash oneself
le to him, him, to her, her, to it, it, to you, you
lección lesson
leche milk
lechuga lettuce
leer *(to)* read *(read)*
legumbres vegetables
lejano far away
lejos far
lengua tongue, language

lento slow
león lion
les them, to them, you, to you
letra letter
letrero sign
levantar *(to)* lift *(lifted)*
levantarse *(to)* get up, *(to)* rise
ley law
liberal liberal
libertad liberty
libra pound
libre free
librería library
libreta notebook
libro book
licencia license
ligeramente lightly, quickly
ligero light, quick
límite limit
limón lemon
limonada lemonade
limpiar *(to)* clean *(cleaned)*
limpio clean
lindo lovely, pretty
línea line
lino linen
linterna lantern
liso smooth
lista list, menu
listo ready
lo it, him, you
lobo wolf
local local
loco crazy
locomotora locomotive
locutor speaker
loma hill
los the, them, you
lubricar *(to)* lubricate
lo que that which
lucha struggle
luchar *(to)* struggle *(struggled), (to)* wrestle *(wrestled)*
luego then
lugar place
lujoso luxurious
luna moon
  luna de miel honeymoon
lunes Monday
luz light
llamada call
llamar *(to)* call *(called)*
llamarse *(to)* be named
  ¿Cómo se llama? What is your (his, her, its) name?
llano flat
llanta tire
llave key
llegada arrival
llegar *(to)* arrive *(arrived)*
llenar *(to)* fill *(filled)*
lleno full
llevar *(to)* carry *(carried, (to)* wear, *(wore, worn)*
llorar *(to)* cry *(cried)*
llover *(to)* rain *(rained)*
lluvia rain

M

madera wood
madrastra stepmother
madre mother
madrina godmother
maestro teacher
magnífico magnificent
maíz corn
mal badly

malentendido misunderstanding
maleta bag
maletero porter
malo bad
mancha stain
mandar *(to)* send *(sent)*
manejar *(to)* command *(commanded), (to)* drive *(drove, driven), (to)* manage *(managed)*
manera manner, way
manga sleeve
manicura manicure
mano hand
mantel tablecloth
mantequilla butter
manufacturado manufactured
manzana apple
mapa map
máquina machine
  máquina de coser sewing machine
  máquina de escribir typewriter
mar sea
maravilloso marvellous, wonderful
marca mark, brand
marco frame
marchar *(to)* march *(marched), (to)* work *(worked)*
mareado seasick
marinero sailor
mármol marble
marrón brown
martes Tuesday
martillo hammer
marzo March
mas but
más more
  más o menos more or less
  el más the most
masaje massage
matar *(to)* kill *(killed)*
materia material
mayo May
mayor elder, older, major
mayoría majority
me me, to me
mecánico mechanic
mecanógrafa typist
medalla medal
media sock, stocking
mediano average
medianoche midnight
medicina medicine
médico doctor
medida measure, size
medio half, middle
  medio camino halfway
mediodía noon, midday
mejor better
  el mejor the best
mejorar *(to)* improve *(improved)*
melón melon
memoria memory
menos less
  el menos the least
  al menos *(que)* unless
mensaje message
mensajero messenger
mensualmente monthly
mente mind
mentira lie, untruth
menú menu
(a) **menudo** often
mercado market
mercancía merchandise

mes month
mesa table
metal metal
meter *(to)* put in *(put)*
mexicano Mexican
mezclado mixed
mi my
miedo fear
(tener) **miedo** *(to)* be afraid
miel honey
miembro member
mientras while
mientras tanto meanwhile
miércoles Wednesday
mil thousand
militar soldier, military
milla mile
millón million
mina mine
mineral mineral
ministro minister
minuto minute
mío mine
mirar *(to)* watch *(watched)*
misa Mass
mismo same
misterioso mysterious
mitad half
moda fashion
modelo model
moderno modern
modesto modest
modista dressmaker
mojado wet
molestar *(to)* bother *(bothered), (to)* annoy *(annoyed)*
molestia bother
momento moment
mono monkey, *(adj.)* cute
montaña mountain
monumento monument
morado purple
moreno brown, dark complexion
morir *(to)* die *(died)*
mosca fly *(pl. flies)*
mosquito mosquito
mostaza mustard
mostrar *(to)* show *(showed, shown)*
motor motor
mover *(to)* move
mozo boy, waiter
muchacha girl
muchacho boy
muchísimo very much
mucho much
mucho gusto a great pleasure
mucho tiempo a long time
muchos many
muebles furniture
muela tooth
muella pier
muerto dead
muestra sample
mujer woman *(pl. women)*
mundo world
todo el mundo everybody
muñeca doll, wrist
músculo muscle
música music
músico musician
muy very
Muy señor mío: Dear Sir:

N

nacer to be born
nacido born

nación nation
nacional national
nacionalidad nationality
Naciones Unidas United Nations
nada nothing
  de nada you are welcome
nadar *(to)* swim *(swam, swum)*
nadie nobody
naranja orange
nariz nose
nativo native
natural natural
naturaleza nature
naturalizado naturalized
naturalmente naturally
Navidad Christmas
neblina fog
necesario necessary
necesitar *(to)* need *(needed)*
negar *(to)* deny *(denied)*
negocio business
negro black
nene baby
nervio nerve
nervioso nervous
nevada snowstorm
nevar *(to)* snow *(snowed)*
nevera refrigerator
ni neither, nor
nicaragüense Nicaraguan
nieto grandson
nieta granddaughter
nieve snow
ninguno none, not any
niña girl, child
niñera nursemaid, babysitter
niño boy, child
no no, not, do not
noche night
nombre name
norte north
noruego Norwegian
nos us, to us
nosotros we
  a nosotros to us
notar *(to)* notice *(noticed)*
noticias news
notificar *(to)* notify *(notified)*
novecientos nine hundred
novedad novelty, news
novela novel
noventa ninety
novia fiancée, bride
noviembre November
novio fiancé, bridegroom
nube cloud
nuestro our
  el nuestro ours
nueve nine
nuevo new
  ¿Qué hay de nuevo? What's new?
nuez nut
número number
nunca never

O

o either, or
objeto object
obligado obliged
obra work, labor
  obra maestra masterpiece
observar *(to)* observe *(observed)*
obtener *(to)* obtain *(obtained)*, *(to)* get
obvio obvious
ocasión occasion

océano ocean
octubre October
ocupación occupation
ocupada occupied, busy
ochenta eighty
ocho eight
ochocientos eight hundred
odiar *(to)* hate
oeste west
oficial officer, official
oficina office
ofrecer *(to)* offer
oído ear, hearing
oir *(to)* hear *(heard)*
ojalá I hope so, I hope that
ojo eye
¡ojo! watch out!
ola wave
oler *(to)* smell
olor smell, odor
olvidar *(to)* forget
once eleven
onda wave
onza ounce
ópera opera
operación operation
operador operator
opinión opinion
oportunidad opportunity
óptico optician
opuesto opposite
oración sentence, prayer
orden order
  a sus órdenes at your service
ordinario ordinary
oreja ear
órgano organ
orgulloso proud
original original
orilla bank, shore
oro gold
orquesta orchestra
orquídea orchid
ortografía spelling
os you, to you
oscuro dark
oso bear
ostra oyster
otoño autumn, fall
otro another, other
oveja sheep
¡Oye! Listen!

P

paciencia patience
paciente patient
pacífico pacific
padre father
padres parents
pagado paid
pagar *(to)* pay *(paid)*
página page
pago payment
país country
paja straw
pájaro bird
palabra word
palacio palace
pálido pale
palmera palm tree
palo stick
paloma dove
pan bread
panameño Panamanian
panecillos rolls
pantalón pants
pantaloncillos panties
pañuelo handkerchief, scarf

papa potato
papa pope
papá father
papagayo parrot
papel paper
paquete package
para for, in order to
parada stop
parado stopped, standing up
paraguayo Paraguayan
paralelo parallel
parar *(to)* stop *(stopped)*
pararse *(to)* stand up *(stood)*
pardo brown, brownish gray
parecer *(to)* seem *(seemed)*
  me parece it seems to me
  parece que it seems that
parecido like
pared wall
pareja pair
pariente relative
parque park
parte part
particular particular
pasa raisin
pasado past
pasaje passage
pasajero passenger
pasaporte passport
pasar *(to)* pass *(passed)*, *(to)* happen *(happened)*
Pascua Florida Easter
Pascuas de Navidad Christmas
pasear *(to)* take a walk *(walked)*, *(to)* drive *(drove, driven)*
paseo walk, ride
pasillo corridor
paso step
pasta dentífrica toothpaste
pastelería pastry, pastry shop
pata leg
patata potato, sweet potato
pato duck
pavo turkey
pavo real peacock
paz peace
peculiar peculiar
pecho breast, chest
pedazo piece
pedir *(to)* ask for *(asked)*
pegar *(to)* hit *(hit)*
peinarse *(to)* comb hair
peine comb
pelea fight
película film
peligro danger
peligroso dangerous
pelo hair
pelota ball
pena grief, punishment
pensamiento thought, pansy
pensar *(to)* think *(thought)*
pensión boarding house
peor worse
  el peor the worst
pequeño small, little
pera pear
perder *(to)* lose *(lost)*
perdón pardon
perdonar *(to)* forgive *(forgave)*, *(to)* pardon *(pardoned)*
  ¡Perdone! Pardon me!
perezoso lazy
perfecto perfect
perfume perfume
periódico newspaper, periodical
período period
perla pearl

permanente permanent
permiso permission
permitir *(to)* permit *(permitted), (to)* allow *(allowed)*
pero but
perro dog
persa Persian
persona person
personal personal
pertenecer a *(to)* belong to
peruano Peruvian
pesado heavy
pesar *(to)* weigh
pesca fishing
pescado fish
pescar *(to)* fish
peso weight
pez fish
piano piano
picadura sting
picar *(to)* itch
pie foot
piedra stone
piel skin, fur
pierna leg
pieza piece, room
pieza de teatro play
pijama pajamas
pila battery
píldora pill
piloto pilot
pimienta pepper
pimiento red pepper
pintado painted
pintar *(to)* paint *(painted)*
pintor painter
pintura paint, painting
piña pineapple
pipa pipe
piscina pool
piso floor
pistola pistol
placer pleasure
plan plan
plancha iron
planchar *(to)* iron *(ironed), (to)* press *(pressed)*
planeta planet
planta plant
plástico plastic
plata money, silver
plátano banana, plantain
plato dish, plate
playa beach
plaza square
pluma pen
población population, town
pobre poor
poco little
pocos few
poder can, *(to)* be able
poesía poem
policía police
político politician, political
pollo chicken
polvo powder, dust
poner *(to)* put *(put)*
ponerse *(to)* put on *(put)*
popular popular
por for, by
  por eso therefore
  por favor please
  ¿Por qué? Why?
  por supuesto of course
porque because
portero doorman
portugués Portuguese
posible possible
posiblemente possibly
posición position

positivo positive
postre dessert
pozo well
práctica practice
práctico practical
precio price
precioso beautiful, precious
preferible preferable
preferir *(to)* prefer *(preferred)*
preguntar *(to)* ask *(asked)*
pregunta question
premio prize
preocupado worried, preoccupied
preparar *(to)* prepare *(prepared)*
presentar *(to)* present *(presented), (to)* introduce *(introduced)*
presente present
preso prisoner
prestar *(to)* lend *(lent)*
prevenir *(to)* prevent *(prevented), (to)* warn *(warned)*
previo previous
primavera spring
primero first
princesa princess
principal principal
príncipe prince
principio start, beginning
prisa hurry
  ¡Dése prisa! Hurry up!
privado private
probablemente probably
probar *(to)* try
problema problem
producción production
producir *(to)* produce *(produced)*
profesión profession
profesor professor
profundo deep
programa program
prohibido prohibited, forbidden
promesa promise
pronto soon
pronunciación pronunciation
pronunciar *(to)* pronounce *(pronounced)*
propaganda advertising, propaganda
propina tip
propiedad property
propósito purpose
  a propósito by the way, on purpose
próspero prosperous
protección protection
protestante Protestant
provincia province
próximo next
prueba proof, test
público public
publicar *(to)* publish
pueblo town, people
puente bridge
puerco pig
puerta door
puerto port, harbor
puertorriqueño Puerto Rican
pues well, then, let's see
puesto position
puesto que since
pulmón lung
pulsera bracelet
punto point
punto final period
puro pure, cigar

Q

que that, which, what than
¿Qué hora es? What time is it?
¿Qué importa? What of it?
¿Qué pasa? What is the matter?
¿Qué tal? How are things?
¡Qué va! Nonsense!
quedar *(to)* stay *(stayed), (to)* be
quedarse *(to)* remain *(remained), (to)* stay *(stayed)*
quemar *(to)* burn *(burned)*
querer *(to)* wish *(wished), (to)* want *(wanted), (to)* love *(loved)*
querido beloved
queso cheese
quien who
a quien whom, to whom
de quien whose
química chemistry
quince fifteen
quinientos five hundred
quinto fifth
quitar *(to)* remove *(removed)*
quitarse *(to)* take off
quizá perhaps

R

rábanos radishes
radiador radiator
radio radio
rana frog
ranchero farmer, rancher
rápidamente quickly, rapidly
rápido rapid, fast, quick
raqueta racket
raro rare, unusual
rasguño scratch
rata rat
ratón mouse
rayo-x x-ray
raza race
razón reason
razonable reasonable
real royal
realidad reality
realmente really
rebaja reduction
recado message
receta prescription
recibir *(to)* receive *(received), (to)* get
recibo receipt
reciente recent
recientemente recently
recobrar *(to)* recover *(recovered), (to)* regain *(regained)*
recoger *(to)* pick up *(picked up)*
recomendado recommended
recomendar *(to)* recommend *(recommended)*
recompensar *(to)* reward *(rewarded)*
reconocer *(to)* recognize *(recognized)*
recordar *(to)* remember *(remembered)*
recuerdo memory, souvenir
redondo round
refinería refinery
reembolso refund
refrigerador refrigerator
regalo gift, present
regio magnificent, royal

región region
registrar *(to)* examine *(examined), (to)* inspect *(inspected)*
registro register
regla regulation
regresar *(to)* return *(returned)*
regular regular
rehusar *(to)* refuse *(refused)*
reina queen
reír, reírse *(to)* laugh *(laughed)*
religión religion
reloj watch, clock
remedio remedy
remolacha beet
renta income
reparar *(to)* repair *(repaired)*
repaso review
(de) **repente** suddenly
repetir *(to)* repeat *(repeated)*
reportero reporter
representante representative
representar *(to)* represent *(represented)*
república republic
republicano republican
res beef
resbaloso slippery
reservación reservation
reservar *(to)* reserve *(reserved)*
residencia residence
residente resident
respeto respect
respiración breath
respirar *(to)* breathe *(breathed)*
responder *(to)* respond *(responded)*
responsable responsible
respuesta reply, answer
restaurante restaurant
resultado result
retrato picture
revelar *(to)* develop *(developed), (to)* reveal *(revealed)*
revisar *(to)* check *(checked)*
revista magazine, review
revolución revolution
rey king
rezar *(to)* pray *(prayed)*
rico rich
rienda rein
rifle rifle
rincón corner
riñones kidneys
río river
risa laugh
robar *(to)* rob *(robbed)*
roca rock
rodilla knee
rojo red
romántico romantic
romper *(to)* break *(broke, broken)*
ron rum
ropa clothing
ropa interior underwear
rosa rose
roto broken, torn
rubí ruby
rubio blond
rueda wheel
ruidoso noisy
ruina ruin
ruso Russian

S

sábana sheet
sábado Saturday
saber *(to)* know *(knew, known)*
sabio wise

sabor flavor
sabroso delicious
sacar *(to)* pull out *(pulled), (to)* take out *(took, taken)*
  sacar una foto *(to)* take a photograph
saco coat, sack
sal salt
sala living room
salchicha sausage
salida departure
salir *(to)* go out
  ¡Salga! Get out!
salón salon, lobby
salsa sauce
saltar *(to)* jump *(jumped)*
salud health
saludos regards, greetings
salvadoreño Salvadoran
salvaje savage, wild
salvar *(to)* save *(saved), (to)* rescue *(rescued)*
sangre blood
sano healthy
santo saint, holy
sarcástico sarcastic
sastre tailor
satisfactorio satisfactory
se *(pronombre reflexivo)* oneself, himself, herself, yourself, yourselves, themselves
se *(impersonal con tercera persona del verbo)* one, they
se *(pasivo)* to be + participio pasivo
se *(objeto indirecto)* to you, to him, to her, to them
seco dry
secretario secretary
secreto secret
sed thirst
seda silk
seguir *(to)* follow *(followed)*
  en seguida immediately
segundo second
seguro sure, safe, insurance
seis six
seiscientos six hundred
selva forest, jungle
semana week
semejante similar
sencillo easy, simple
seno bosom, breast, cavity
sentado seated
sentarse *(to)* sit down *(sat)*
sentido sense
sentimiento feeling
sentir *(to)* feel *(felt)*
señalar *(to)* point out *(pointed)*
señor Mr., Sir, Gentleman
señora Mrs., Madam, lady
señorita Miss, young lady
separar *(to)* separate *(separated)*
septiembre September
ser *(to)* be *(was-were, been)*
serie series
serio serious
servicio service
servilleta napkin, serviette
servir *(to)* serve *(served)*
sesenta sixty
setecientos seven hundred
setenta seventy
severo severe
sexo sex
sí yes
si if
siempre always
siesta nap

siete seven
¡Siga! Go on! Continue!
significar *(to)* mean *(meant),* *(to)* signify *(signified)*
siguiente following, next
silencio silence
silencioso silent
silla chair, saddle
simpatía sympathy
simpático likeable, pleasant, nice
simplemente simply
sin without
  sin embargo nevertheless
sinceramente sincerely
sino but
sinvergüenza scoundrel
sírvase please
sitio place
situación situation
sobre above, about, envelope
sobrina niece
sobrino nephew
social social
socio partner, member
socorro help
soda soda
sol sun
solamente only
soldado soldier
sólido solid
solo alone
sólo only
soltero single, not married
sombra shade
sombrero hat
somos we are
son *(we, you, they)* are
sonido sound
sonrisa smile
sopa soup
sostén brassiere
soy I am
su his, her, its, your, their, one's
subir *(to)* go up, *(to)* climb *(climbed)*
súbitamente suddenly
subterráneo subway, underground
sucio dirty
sud south
sudor perspiration
sueco Swedish
suegra mother-in-law
suegro father-in-law
sueño sleep, dream
suerte luck
suéter sweater
suficiente sufficient
suizo Swiss
sumar *(to)* add *(added)*
superior superior, upper
supuesto supposed
sur south
suyo his, hers, yours, theirs, its

T

tabaco tobacco, cigar
tacto touch, tact
tal such
talón heel
tamaño size
también also, too
tambor drum
tampoco either, neither
tan so
tanque tank

tanto so much
  tanto como as much as
  tantos como as many as
tarde afternoon, late
tarifa fare, rate, tariff
tarjeta card
taxi taxi
taza cup
té tea
te you, to you
teatro theater
techo roof, ceiling
tela cloth
telefonear *(to)* telephone *(telephoned)*
teléfono telephone
telefonista telephone operator
telegrama telegram
televisión television
tema subject, theme
temer *(to)* fear *(feared)*
temporada season
temporario temporary
temprano early
tenedor fork
teniente lieutenant
tener *(to)* have *(had)*
  tener hambre *(to be)* hungry
  tener sed *(to be)* thirsty
  tener miedo *(to be)* afraid
  tener que *(to)* have to
  tener razón *(to be)* right
  tener sueño *(to be)* sleepy
tenis tennis
teñido dyed
tercero third
terciopelo velvet
terminado finished, over
terminar *(to)* finish
término medio average
termómetro thermometer
ternera veal
terrible terrible
tiburón shark
tiempo weather, time
tienda tent, shop, store
tierra ground, land, earth
tieso stiff
tigre tiger
tijeras scissors
tímido timid
tinta ink
tintorería dry cleaners
tía aunt
tío uncle
tipo type
tirar *(to)* pull *(pulled), (to)* throw *(threw, thrown), (to)* shoot *(shot)*
tocadiscos record player
todo all, every
  (de) **todos modos** anyhow
  todo el mundo everyone
tomar *(to)* take *(took, taken), (to)* drink *(drank, drunk)*
tomate tomato
tonto silly
tornillo screw
toro bull
toronja grapefruit
torta cake
tortilla omelet
tos cough
tostada toast
total total
trabajador worker
trabajar *(to)* work *(worked)*
trabajo work
traducción translation

traducir *(to)* translate
traer *(to)* bring *(brought), (to)* carry *(carried), (to)* wear *(wore, worn)*
traje suit, dress
  traje de baño bathing suit
  traje de dormir nightgown
tranquilo quiet
transferir *(to)* transfer
tranvía streetcar
(a) **través de** through, across
trece thirteen
treinta thirty
tren train
tres three
trescientos three hundred
tribunal court
triste sad
tropical tropical
tubería pipe
tumba tomb
túnel tunnel
turco Turkish
tú you
tu your
tuyo yours

U

ubicado located
último last
un a, an
unido united
uniforme uniform
unión union
universidad university
uno one
uña fingernail, toenail, claw
urgente urgent
uruguayo Uruguayan
usado worn out
usar *(to)* use *(used)*
uso use
usted, ustedes you
  Ud. mismo you yourself
usual usual
usualmente usually
útil useful
uva grape

V

vaca cow
vacaciones vacation
vacío empty, vacant
vacuna vaccination
vago vague, lazy
vagón railroad car
vale I.O.U.
valer *(to be)* worth, *(to)* cost *(cost)*
valiente brave, valiant
valioso valuable
valor bravery, value
vapor steam, steamship
variedad variety
various several, various
vasco Basque
vaso glass
¡Váyase! Go away!
vecindario **neighborhood**
vecino neighbor
veinte twenty
velocidad speed
venado deer
vendaje bandage
vendedor salesman
vendedora saleswoman
vender *(to)* sell *(sold)*
vendido sold

veneno poison
venezolano Venezuelan
venir *(to)* come *(came, come)*
venta sale
ventana window
ventilador fan
verano summer
verbo verb
verdad truth
verdaderamente really
verdadero real, true
verde green
vergüenza shame, disgrace
vestido dress
vestidos clothes
vestirse *(to)* dress oneself
vez time
viajar *(to)* travel
viaje trip
viajero traveler
vida life
vidrio glass
viejo old
viento wind
viernes Friday
vinagre vinegar
vino wine
  vino blanco white wine
  vino tinto red wine
violeta violet
violín violin
visible visible
visita visit
visitar *(to)* visit *(visited)*
vista view
viuda widow
viudo widower
víveres food, provisions
vivir *(to)* live *(lived)*
vivo alive
volar *(to)* fly *(flew, flown)*
volcán volcano
volcar *(to)* overturn *(overturned)*
voltear *(to)* turn around *(turned around)*
volver *(to)* return *(returned), (to)* go back
volverse *(to)* become *(became, become)*
votar *(to)* vote *(voted)*
voz voice
vuelo flight
vuelta return, change
vuelto change

Y

y and
ya already, finally, now
yate yacht
yerno son-in-law
yo I
yodo iodine

Z

zafiro sapphire
zanahoria carrot
zapatero shoemaker
zapato shoe
zarpar *(to)* leave *(left), (to)* sail off *(sailed)*
zoológico zoo
zorro fox